Networking

mit Xing, Facebook & Co.

Christian Schmid-Egger & Caroline Krüll

2. Auflage

So nutzen Sie dieses Buch

Die folgenden Elemente erleichtern Ihnen die Orientierung im Buch:

Beispiele

In diesem Buch finden Sie zahlreiche Beispiele, die die geschilderten Sachverhalte veranschaulichen.

Definitionen

Hier werden Begriffe kurz und prägnant erläutert.

Die Merkkästen enthalten Einschätzungen, Empfehlungen und hilfreiche Tipps.

Auf den Punkt gebracht

Am Ende jedes Kapitels finden Sie eine kurze Zusammenfassung des behandelten Themas.

Inhalt

Vorwort

„Nur mit Vitamin B ist man erfolgreich", lautet eine gängige Vorstellung darüber, wie das geschäftliche Leben um uns herum funktioniert. Das ist in weiten Teilen sicher richtig. Wer etwas erreichen will, sei es im privaten oder im geschäftlichen Bereich, der muss Menschen kennen und über ein tragfähiges Netzwerk verfügen.

Das ist ganz natürlich. Sie gehen ja auch lieber zu einem Friseur oder Arzt, den Sie bereits kennen. Und wenn Sie gut essen gehen wollen, fragen Sie wahrscheinlich zuerst im Bekanntenkreis nach einem Tipp. Beziehungen sind daher einfach menschlich.

Einer der größten Irrtümer im Beziehungsdenken ist jedoch, dass nur erfolgreiche Menschen über gute Beziehungen verfügen können. Weit gefehlt. Jeder Mensch kann sich ein tragfähiges Beziehungsnetzwerk aufbauen. Durch die neuen Möglichkeiten im Internet, die unter dem Begriff „Web 2.0" zusammengefasst werden, funktioniert dies derzeit so einfach wie noch nie.

Wie das genau geht, zeigen wir Ihnen in diesem Ratgeber. Das Buch ist dabei sowohl für den Aufbau beruflicher als auch privater Beziehungsnetzwerke über die großen „Social Networks", die Beziehungsnetzwerke im Internet, gedacht. Sie finden bei uns Tipps, wie Sie als Selbstständiger Ihren Kundenkreis erweitern können, wie Sie als Angestellter Ihren beruflichen Erfolg verbessern oder wie Sie in Ihrer Freizeit immer Telefonnummern zur Hand haben, um Ihr Hobby auszuüben.

Wir beleuchten die Aspekte rund um das Thema „Netzwerken“ und den Aufbau von Beziehungen. Wir beginnen bei den Internetplattformen und Social Networks, widmen einen wichtigen Teil des Buches aber auch dem „persönlichen“ Netzwerken. Denn Networking spielt sich nur zum Teil im „virtuellen Leben“ im Internet ab. Irgendwann findet es seine Fortsetzung im „echten Leben“. Doch man wird nur ein erfolgreicher Netzwerker, wenn man beide Bereiche beherrscht – das Internet und den Umgang mit einem persönlichen Kontakt. Somit ist dieses Buch ein Kommunikationsbuch, das auf den Möglichkeiten der Social Networks im Internet aufbaut.

Und noch eine Anmerkung: Das Buch ist kein Leitfaden, wie Sie im Web 2.0 zum Beispiel ein Business aufbauen oder über Blogs mehr Traffic auf Ihre Website bringen. Es geht ausschließlich darum, wie Sie sich über das Internet tragfähige Netzwerke im realen Leben aufbauen.

Viel Erfolg beim Netzwerken wünschen Ihnen
Ihre Caroline Krüll und Christian Schmid-Egger

Warum netzwerken?

Netzwerke sind ein elementarer Bestandteil unserer Kommunikation. Sie entsprechen einem Grundbedürfnis in uns allen. Wir Menschen sind soziale Wesen, die sich schon immer in Gruppen organisiert haben. Die Gruppe vermittelt Sicherheit, bietet Rückhalt – sorgt für ein soziales Netz. Netzwerke in Form des eigenen Stammes, der eigenen Großfamilie oder Jagdgruppe sorgten schon bei den Urzeitjägern fürs Überleben. In Notzeiten rückte man noch enger zusammen und unterstützte sich gegenseitig. Das war ein entscheidender Erfolgsfaktor für die Spezies Mensch.

Die eigene Familie, der eigene Stamm, das eigene Dorf waren für unsere Vorfahren der Lebensmittelpunkt. Diesen Menschen konnte man vertrauen, man kannte sie und konnte mit ihnen kooperieren. Psychologen bezeichnen das als **„Innengruppe"**.

Doch es gab auch Menschen außerhalb der eigenen Gruppe. Das waren die Fremden, die anderen. Sie wurden zunächst einmal als Feind betrachtet. Unsere Vorfahren kannten sie und ihre Absichten nicht und hielten sie erst einmal auf Abstand. Geschäfte, und wenn es nur der Tausch von Faustkeilen und Fleisch war, erfolgten nicht oder nur unter großen Sicherheitsvorkehrungen. Diese Unterscheidung in Freund und Feind war überlebenswichtig, da ein Feind häufig eine reale Bedrohung für Eigentum und Leben darstellte. Diese Unterscheidung hat sich als Erbe unserer Vorfahren fest in unserem Verhaltensrepertoire verankert. Menschen, die wir nicht kennen, gehören damit zur **Außengruppe.**

Wenn wir den Fremden allmählich näher kennenlernten, rückte er von der Außengruppe langsam in die Innengruppe vor. Irgendwann war er dann kein Fremder mehr, sondern ein Mitglied unseres Dorfes oder Stammes. Ab diesem Moment vertrauten wir ihm und bezogen ihn in unsere Rituale ein.

Von der Außen- zur Innengruppe

Heute ist es immer noch so. In vielen Bereichen gibt es eine Außen- und eine Innengruppe. Wenn Sie sich bei einem Unternehmen bewerben, gehören Sie zur Außengruppe. Sie müssen alle Rituale eines Fremden durchlaufen. Sie schreiben Bewerbungen, kämpfen sich mühsam bis zu einem Vorstellungsgespräch durch, überzeugen in einem langwierigen Prozess Ihren künftigen Arbeitgeber davon, dass Sie integer, zuverlässig und fleißig sind. Vom Unternehmen werden Sie dabei äußerst kritisch durchleuchtet.

Wenn Sie den begehrten Job endlich erhalten und einige Wochen im neuen Unternehmen gearbeitet haben, wechseln Sie Schritt für Schritt in die Innengruppe über. Man beginnt, Ihnen zu vertrauen und Ihnen wichtige Informationen zu geben. Irgendwann sind Sie ein alter Hase und gehören vielleicht zum Inventar oder bestimmen selbst, wer in die engste Innengruppe vorrücken darf.

Die Sache mit dem „Vitamin B"

Doch wie ist es, wenn Sie zufällig der beste Freund oder die beste Freundin einer Führungskraft in diesem Unternehmen sind? Dann werden Sie kurzfristig eingeladen, in einem netten Bewerbungsgespräch oberflächlich betrachtet und erhalten die Stelle meist sehr rasch und ohne sich mit lästigen Mitbewerbern herumzuschlagen zu müssen.

Was ist passiert? Sie starteten bereits als Mitglied der Innengruppe. Wenn Sie intern empfohlen werden, geht der Personalchef davon aus, dass Ihre menschlichen Eigenschaften in Ordnung sind und Sie zum Unternehmen passen. Er wird Sie vor allem fachlich prüfen, was Sie natürlich viel leichter überstehen als die Charakterprüfung. Der Bewerbungsprozess ist somit für beide Seiten einfacher. Natürlich ist hier „Vitamin B" im Spiel. Viele Stellen in Deutschland werden genau auf diese Weise vergeben.

Die Kehrseite des Ganzen ist die sogenannte Vetternwirtschaft. Sie führt häufig zu Korruption und Misswirtschaft. Doch sehen Sie diesen Prozess einmal durch die Brille der Innen- und Außengruppe: Stellen Sie sich vor, dass Sie als Geschäftsführer eines großen Unternehmens eine äußerst sensible Stelle besetzen müssen. Wen würden Sie lieber einstellen: jemanden, den Sie durch eine Annonce finden, oder einen nahen Verwandten oder langjährigen Freund, dem Sie blind vertrauen? Vetternwirtschaft ist daher ein ganz natürlicher menschlicher Prozess, wobei Unternehmen oder Organisationen natürlich darauf achten sollten, deren negativen Auswirkungen zu verhindern.

Beziehungen nutzen

Was bringt Ihnen nun das Wissen um die Wichtigkeit von Beziehungen, wenn Sie zum Beispiel eine neue Stelle suchen? Für Ihre Bewerbungsstrategie haben Sie zwei Möglichkeiten. Zum einen können Sie den Weg der Außengruppe wählen: Sie werten den Stellenteil Ihrer Zeitung aus und durchforsten das Internet nach Jobangeboten. Sie schreiben viele Bewerbungen und hoffen. Je nach Stellenmarkt und Ihren Qualifikationen führt dieser Weg auch zum Erfolg. Oft ist er jedoch mühsam.

Mit Ihrer zweiten Strategie wählen Sie den Weg der Innengruppe: Sie durchforsten Ihren Freundes- und Verwandtenkreis, überlegen, wer wo arbeitet, und verbringen ein paar Tage am Telefon. Wenn Sie Glück haben, rutschen Sie auf diesem Weg ganz schnell auf eine neue Stelle. Diesen Erfolg verdanken Sie Ihrem Netzwerk.

Doch was tun, wenn Ihnen genau die Beziehungen fehlen, die Sie jetzt brauchen? Wie können Sie es schaffen, irgendwann dennoch zu einer oder mehreren Innengruppen zu gehören? Ganz einfach: Sie müssen gezielt Menschen kennenlernen, die Ihnen weiterhelfen können.

Patente Studentin

Während unserer Studienzeit hatten wir eine Bekannte, die Jura studierte. Marion wollte unbedingt Patentanwältin werden. Um diesem Ziel möglichst früh nahe zu kommen, beschloss sie, ihr Mittagessen nicht mehr in der Mensa der Universität, sondern in der Kantine des nahe gelegenen Patentamts einzunehmen. Ihr Kalkül war einfach: Dort speisen vor allem Patentanwälte. Beim Essen lernt man Menschen kennen. Diese Menschen haben Zugang zu Praktikumsplätzen und verfügen über nützliches Zusatzwissen. Also betrachtete Marion die Mehrinvestition des einen zusätzlichen Euros pro Mahlzeit in der Patentamtskantine als eine echte Investition in ihre Zukunft.

Marion ist heute im Job erfolgreich. Für uns ist an dieser Geschichte wichtig, dass sich jeder Mensch neue Kontakte beschaffen kann. Treffend bringt es das folgende Zitat auf den Punkt: „Das einzig schlechte an Beziehungen ist, wenn man keine hat." Menschen, die ein berufliches oder privates Ziel erreichen möchten, benötigen dazu fast immer die Hilfe anderer Menschen. Und diese muss man zuerst kennenlernen, damit man nicht als Mitglied der Außengruppe von wichtigen Ressourcen abgeschnitten wird.

„Geben ist seliger als Nehmen"

Folgende Regel halten wir für die allerwichtigste, wenn Sie ein guter Netzwerker werden wollen: Unterstützen Sie Ihre Kontakte und tun Sie etwas für sie. Dann werden Ihre Kontakte auch Sie unterstützen.

Wir weisen gleich zu Anfang des Buches auf diese Regel hin, weil wir immer wieder festgestellt haben, dass viele Menschen in Netzwerken vor allem nehmen wollen. Doch das funktioniert nicht. Man hält sich bei solch einseitigen Netzwerkpartnern im Lauf der Zeit meist zurück oder beendet den Kontakt sogar. Gutes Netzwerken funktioniert anders, nämlich indem man sich für seine Partner einsetzt. Das ist meist nicht sehr aufwendig, sondern bedeutet vor allem, dass man für seine Partner mitdenkt und ihnen Gelegenheiten vermittelt. Nur so kann ein echter Nutzen für das Netzwerk entstehen.

Für das Geben haben wir folgende Tipps:

- Versorgen Sie Ihre Netzwerkpartner mit Informationen. Wenn Sie irgendwo irgendetwas aufschnappen, das einen Ihrer Partner interessieren könnte, dann reichen Sie es an ihn weiter. Ihr Partner wird sich sehr freuen, und Sie haben einen Pluspunkt bei ihm gesammelt.

- Bringen Sie Menschen zusammen. Wenn Sie wissen, dass einer Ihrer Netzwerkpartner beispielsweise einen Grafiker sucht, dann empfehlen Sie Ihren eigenen Grafiker an ihn weiter. Beide werden sich freuen: der Grafiker über die Empfehlung, Ihr Partner darüber, dass er vielleicht nicht mehr suchen muss.
- Beantworten Sie Anfragen. Wenn jemand in Ihrem Netzwerk eine Frage hat, dann kümmern Sie sich darum. Beantworten Sie sie selbst oder empfehlen Sie jemanden, der es wissen könnte. So schaffen Sie sich einen Ruf als kompetenter und hilfsbereiter Mensch.

> **!** Wenn Sie oft und gerne geben, bekommen Sie auch mehr zurück. Probieren Sie es einfach mal aus!

Beziehungen im Internetzeitalter

Was hat sich im Internetzeitalter und vor allem seit der Entwicklung des Web 2.0 beim Thema „Networking" geändert? Für uns sind zwei Trends deutlich erkennbar:

1. Es ist einfacher geworden, Kontakte zu finden. Inzwischen gibt es fast für jede Interessengruppe und jeden regionalen Bezugsraum in den Industriestaaten eine eigene Gruppe oder ein Forum. Wird man dort Mitglied, erhält man in der Regel eine Unmenge von Informatio-

nen und Kontakten. Dies war vor der Entwicklung des Web 2.0 in dieser Form kaum möglich.

Web 2.0

Eric Knorr, Chefredakteur des amerikanischen Computer-Magazins InfoWorld, stellte den Begriff „Web 2.0" im Dezember 2003 erstmalig der Öffentlichkeit vor. Heute versteht man darunter – kurz gefasst – die Einbeziehung der Nutzer in die Gestaltung von Internetseiten. Gab es zuvor nur statische Seiten, die man lediglich lesen konnte, so bieten inzwischen zahlreiche neue Technologien jedem Nutzer die Möglichkeit, selbst Inhalte ins Netz zu stellen und mit anderen Nutzern zu kommunizieren. Dies funktioniert beispielsweise über Blogs, Foren, Wikipedia und ähnliche Dienste oder eben mit den Social Networks. Die Technologien des Web 2.0 haben das Internet, aber auch die reale Welt grundlegend verändert.

2. Kontakte werden immer beliebiger, Quantität geht vor Qualität. Ein fleißiger Kontaktesammler kann es beispielsweise bei Xing oder Facebook schnell auf ein paar Tausend Kontakte bringen. Doch ist die Qualität dieser Kontakte häufig oberflächlich. Denn oft kennt man viele seiner Web-2.0-Kontakte nicht persönlich, weiß nicht, was diese Menschen auszeichnet oder wo ihre Stärken liegen. Man wird mit ihnen daher auch nur schwer netzwerken können. Wenn Sie wirklich einen praktischen Nutzen aus Ihren Kontakten ziehen wollen, müssen Sie diese daher qualifizieren, näher kennenlernen und wahrscheinlich auch wieder reduzieren. Natürlich gibt es Ausnahmen von dieser Regel.

Auf den Punkt gebracht

- Netzwerken entspricht unserem natürlichen Bedürfnis nach Kommunikation und Zugehörigkeit.
- Wir unterscheiden zwischen Außen- und Innengruppe. Wichtige Geschäfte machen wir nur mit Mitgliedern der Innengruppe.
- Netzwerken ist die Möglichkeit, sich eine eigene Innengruppe aufzubauen oder sich einer bestehenden anzuschließen. In einem funktionierenden Netzwerk erhalten Sie Aufträge, Informationen oder einen Job, ohne erst Ihre Loyalität beweisen zu müssen.
- Wenn Sie etwas erreichen möchten, sind Sie meist erfolgreicher, wenn Sie es über Ihr Kontaktnetzwerk und über persönliche Empfehlungen versuchen.
- Kontakte können Sie sich aufbauen. Dies erfordert Geduld und die richtige Strategie.
- Im Internetzeitalter und besonders mit dem Web 2.0 ist es so einfach wie nie, neue Kontakte zu finden.
- „Geben ist seliger als Nehmen". Tun Sie etwas für Ihre Kontakte, dann tun diese auch etwas für Sie.

Netzwerken im Internet

Dieses Buch hat seinen Schwerpunkt bei den großen Internetnetzwerken wie Xing, LinkedIn oder Facebook. Diese spielen in der aktuellen Geschäftswelt eine immer größere Rolle und weiten sich zunehmend auch in den privaten Bereich hinein aus.

Doch das Internet ist nur Mittel zum Zweck. Denn letztendlich wollen Sie ja Menschen aus Fleisch und Blut treffen, einen richtigen Job erhalten oder Geschäftspartner zum Anfassen kennenlernen. Also dienen Xing und andere Social Networks vor allem dazu, diese Kontakte zu finden und vorab zu prüfen, ob Sie damit etwas anfangen können. Im nächsten Schritt steht dann in aller Regel ein persönliches Treffen an.

Internet und reales Leben

Sie sind über Xing auf jemanden aufmerksam geworden, der eine interessante Dienstleistung anbietet, die sich mit Ihrer Geschäftsidee kombinieren lässt. Also tauschen Sie erst einige Nachrichten aus und klären ein paar Einzelheiten. Schon recht bald treffen Sie sich mit dieser Person. Erst im persönlichen Gespräch fällt dann die Entscheidung, ob Sie beide wirklich etwas zusammen unternehmen werden.

Oder Sie sind Mitglied einer Freizeitgruppe in einem virtuellen Netzwerk. Am Sonntag wird eine Radtour veranstaltet. Die Anmeldung findet über das Web statt. Doch am Sonntag stehen Sie natürlich persönlich in sportlicher Kluft und mit Fahrrad am Treffpunkt und freuen sich auf viele neue Menschen.

So greifen die neuen Möglichkeiten des Web 2.0 und die althergebrachten Kontaktrituale der Menschheit ineinander. Daran wird sich auch in Zukunft nichts ändern. Denn wir Menschen sind in erster Linie soziale Wesen, die sich nur im direkten Kontakt mit anderen wirklich wohlfühlen. Auch die vielen technischen Möglichkeiten der Telekonferenzen oder Meetings via Webcam haben nichts daran geändert, dass Tag für Tag die Züge, Flugzeuge und Autobahnen voll sind mit Menschen, die manchmal nur für einen kurzen Termin quer durch Deutschland oder die Welt reisen. Denn Geschäfte macht man immer noch am liebsten von Angesicht zu Angesicht. Die Bundespost hatte vor einigen Jahren einen Werbespot, der sinngemäß lautete: „Sie können alles im Internet bestellen, doch wer bringt Ihnen diese Dinge letztendlich ins Haus?"

Facebook, LinkedIn und andere Social Networks

Social Network

Social Networks sind Internetplattformen, über die sich Menschen kennenlernen und vernetzen können: Man legt ein Profil von sich an, bildet mit Bekannten, Freunden oder Gleichgesinnten ein eigenes Netzwerk oder lernt neue Menschen kennen. Zusätzlich gibt es in den Networks vielfältige Möglichkeiten, Informationen auszutauschen, eigene Mitteilungen zu veröffentlichen oder sich an Diskussionsforen zu beteiligen.

Es gibt viele Social Networks auf dem Markt, die meist ähnlich aufgebaut sind, wie z. B. Xing oder Facebook. Wir stellen Ihnen hier einige der wichtigen Netzwerke weltweit kurz vor und geben Ihnen anschließend eine Einschätzung über deren praktischen Nutzen. Natürlich basiert diese Einschätzung vor allem auf unseren eigenen Erfahrungen sowie dem, was wir über Bekannte sowie durch Recherchen im Internet erfahren konnten. Im Zweifel sollten Sie daher eine neue Community oder Kommunikationsplattform einfach ausprobieren. In der Regel merken Sie sehr schnell, ob das Netzwerk für Sie lohnend ist oder nicht.

Xing: www.xing.com

Xing wurde 2003 unter dem Namen OpenBC (Open Business Club) von Lars Hinrichs gegründet und zählt laut eigenen Angaben vom März 2011 rund elf Millionen Benutzer. 759.000 davon besitzen einen Premium Account, das heißt, sie sind zahlende Mitglieder, denen alle Funktionen offenstehen. Betrieben wird die Plattform von der Hamburger Xing AG, wobei Burda Media inzwischen einen großen Anteil der Aktien hält.

Um Ihnen das Potenzial eines solchen Unternehmens vor Augen zu führen, hier ein paar Zahlen: Im Geschäftsjahr 2010 erzielte Xing Umsatzerlöse von 54,3 Millionen Euro und lag damit 20 Prozent über dem Umsatz des Geschäftsjahres 2009.

Die Umwandlung von „OpenBC" zu „Xing" erfolgte, damit sich Xing international besser vermarkten kann. Das Wort „Xing" bedeutet auf Chinesisch „es ist möglich". Xing dominiert derzeit den Markt der Businessnetzwerke im deutschsprachigen Raum, während in den meisten übrigen europäischen Ländern sowie in Amerika LinkedIn deutlich vorne liegt. Facebook wird übrigens hier nicht primär als Businessnetzwerk betrachtet.

!

Unsere Einschätzung

Im deutschen Markt ist Xing Marktführer und daher ein Muss für jeden, der Business- oder Freizeitkontakte im Internet sucht. So stellten wir z. B. auf Existenzgründerveranstaltungen im Raum Berlin regelmäßig fest, dass im Schnitt jeder zweite Teilnehmer bei Xing einen Account besitzt. Dennoch holt Facebook hier deutlich auf, weil es zunehmend auch Businessfunktionen anbietet. Große Unruhe verursachte zudem der Relaunch von Xing im Juni 2011, der viele User zu Facebook abwandern ließ. Es bleibt abzuwarten, wie sich Xing weiterentwickelt.

LinkedIn: www.linkedin.com

LinkedIn wurde 2003 in Kalifornien, USA, gegründet. Es ist mit über 100 Millionen registrierten Nutzern (Mai 2011) eines der größten Social Networks und gehört zu den weltweit meistbesuchten Websites: Im Dezember 2010 lag LinkedIn in den USA auf Rang 14 der am meisten frequentierten Websites, weltweit auf Rang 22. Seit dem 4. Februar 2009 ist das Netzwerk auch in deutscher Sprache verfügbar. Bis heute (März 2011) hat der Anbieter in Deutschland nach eigenen Angaben rund 1,1 Millionen Mitglieder.

In Europa wird LinkedIn vor allem in Großbritannien, Frankreich, Italien, Spanien und den Niederlanden genutzt, während Xing in Deutschland, Österreich und interessanterweise auch in der Türkei den Netzwerkmarkt dominiert. Die Mitgliedschaft bei LinkedIn ist relativ teuer: Die Accounts kosten monatlich etwa 20 bis 200 US-Dollar.

Unsere Einschätzung

LinkedIn ist die einzige ernst zu nehmende Alternative zu Xing, jedoch in Deutschland noch stark unterrepräsentiert. Die Aktivität auf den Seiten ist eher gering. Es bleibt abzuwarten, wie erfolgreich sich LinkedIn in Deutschland entwickeln und ob die Plattform hier die Bedeutung von Xing erreichen wird. Für deutschsprachige Businesskontakte ist LinkedIn daher im Moment sicher nur zweite Wahl. Ganz anders sieht es natürlich aus, wenn man Kontakte im übrigen Europa oder in Amerika sucht. Hierfür ist LinkedIn die erste Adresse und unbedingt zu empfehlen. Der Nachteil von LinkedIn gegenüber Xing ist eindeutig der verhältnismäßig hohe Preis. Viele Nutzer besitzen daher nur einen kostenlosen Account, mit dem man jedoch praktisch keine Nachrichten austauschen kann.

Facebook: www.facebook.com

Facebook wurde von Mark Zuckerberg im Februar 2004 an der Harvard University entwickelt. Ursprünglich sollte die Seite nur der Vernetzung der dortigen Studenten dienen, wurde später jedoch für Studenten in den gesamten USA geöffnet. Später kamen Angestellte von Unternehmen dazu, im September 2006 konnten sich dann auch Studenten aus anderen Ländern bei Facebook anmelden. Seit dem

Frühjahr 2008 wird die Seite auch in deutscher und 30 weiteren Sprachen angeboten.

Nach eigenen Angaben hat Facebook derzeit (Januar 2011) 600 Millionen aktive Nutzer und ist weltweit die am häufigsten besuchte Kontaktwebsite. Täglich werden 30 Millionen Bilder hochgeladen. Die meisten Nutzer stammen aus den USA und sind jünger als 25 Jahre. In Deutschland hat Facebook 17,6 Millionen User. Damit sind 47 % aller deutschen Internetnutzer registriert (Stand: April 2011).

Facebook verfügt über ähnliche Funktionen wie die übrigen Netzwerke. Jeder Benutzer stellt sich auf einer Profilseite vor und kann Fotos oder Videos hochladen. Auf der Pinnwand des Profils können Besucher allgemein sichtbare Nachrichten hinterlassen oder Notizen sowie Blogs veröffentlichen. Alternativ zu öffentlichen Nachrichten können Benutzer sich gegenseitig persönliche Nachrichten schicken oder chatten. Freunde können zu Gruppen und Events eingeladen werden. Facebook verfügt über einen Marktplatz, auf dem Benutzer Kleinanzeigen aufgeben und einsehen können. Facebook-Nutzer sind in verschiedene Kategorien wie Schul-, Universitäts-, Job- oder Regionalnetzwerke eingeteilt.

Als Besonderheit gegenüber anderen Netzwerken hat Facebook seit Mai 2007 seine Plattform für Anwendungen von Drittanbietern geöffnet. Entwicklern steht über die „Facebook Platform" eine Programmierschnittstelle zur Verfügung, mit der sie Programme schreiben können. Diese passen sich dem Design von Facebook an und können nach Erlaubnis der Nutzer auf deren Daten zugreifen. Facebook-Mitglieder können die angebotenen Programme einfach in ihre Profilseite integrieren. Die Bandbreite reicht von Spielen über Kommunikationsanwendungen bis hin zu reinen Spaßprogrammen. Nach Unternehmensangaben waren im Februar 2009 mehr als 52.000 Applikationen verfügbar.

Unsere Einschätzung

Facebook wandelt sich nach unserem Eindruck derzeit übrigens sehr stark von einer Fun-Plattform zu einem ernst zu nehmenden Kontakt- und Informationsmedium auch im Businessbereich. In Deutschland spielt Facebook fürs Netzwerken im beruflichen Umfeld oder für Freizeitaktivitäten in der eigenen Region daher eine zunehmend wichtigere Rolle. Seine Stärke liegt aus unserer Sicht vor allem darin, dass man hier sehr schnell Informationen verbreiten kann. Facebook ist zunehmend ein wichtiger Pfeiler zum Beispiel in Web-2.0-Marketingstrategien. Für das direkte Netzwerken hingegen halten wir Xing immer noch für geeigneter.

Die Internet-Gerüchteküche übt viel Kritik an Facebook und streut vor allem den Vorwurf, dass die Benutzerdaten und Profile kommerziell ausgewertet würden. Wir können nicht im Einzelnen beurteilen, ob diese Vorwürfe zutreffen.

MySpace: www.myspace.com

MySpace ist weltweit einer der bekanntesten Vertreter eines Social Networks im Web 2.0. In den USA galt MySpace als das wichtigste Netzwerk für Privates und Freunde, während Facebook und LinkedIn dort die Führung bei den joborientierten Netzwerken übernehmen. MySpace wird ausschließlich über Werbung finanziert und ermöglicht es seinen Nutzern, kostenlose Benutzerprofile mit Fotos, Videos, Blogs oder Gruppen einzurichten. Nach eigenen Angaben hatte MySpace Ende 2008 260 Millionen aktive Mitglieder. Seit 2008 wird MySpace jedoch sehr stark von Facebook bedrängt und verlor seither viele User.

Ursprünglich war die Plattform ein Anbieter für kostenlose Datenspeicherung im Internet. Tom Anderson gründete MySpace im Juli 2003 und verkaufte das Unternehmen im Juli 2005 an den Medienmogul Rupert Murdoch für 580 Mio. US-Dollar. Die Plattform setzte zu Beginn auf den Schwerpunkt Musik und wurde hier schnell einer der wichtigsten Anbieter. Der Gründer Anderson brachte durch seine vielfältigen Kontakte Musiker und Bands dazu, Musik und Videos auf MySpace zu präsentieren. Damit konnten Bands und Fans miteinander in Kontakt treten, was anfangs den größten Erfolgsfaktor der Website darstellte. Auch heute noch spielt neue Musik eine große Rolle auf MySpace.

Unsere Einschätzung

MySpace war in der Fun- und Freunde-Szene einer der wichtigsten Anbieter weltweit und konkurriert in Deutschland vor allem mit Facebook, teilweise auch mit studiVZ. Der Nutzwert für ein aktives Networking zum Thema Job/Freizeitgestaltung ist im deutschsprachigen Raum eher als gering einzuschätzen. Für Freunde großer Communitys oder Menschen, die viele Bekannte im Ausland haben, ist MySpace sicher ein wichtiger Anbieter, der jedoch zunehmend von Facebook ersetzt wird.

Viadeo: www.viadeo.com

Viadeo ist ein weiteres professionelles Social Network, das im Mai 2007 in Frankreich gegründet wurde. Ende 2010 hatte es weltweit 35 Millionen Mitglieder. Anfangs war es vor allem für die Alumni (Ehemalige) der großen französischen Elitewirtschaftsschulen gedacht, ist inzwischen jedoch weltweit verbreitet. Mitglieder sind vor allem Akademiker. In Deutschland ist Viadeo noch sehr klein. Sein Vorteil gegenüber LinkedIn ist vor allem, dass die Alumni der jeweiligen Universitäten und Fachschulen hier besser bei anderen Plattformen vernetzt sind. Die Entwicklung von Viadeo im deutschen Markt muss beobachtet werden, allerdings dürfte es hier sicher nicht dieselbe Verbreitung wie LinkedIn oder gar Xing finden.

Unsere Einschätzung

Viadeo ist im deutschen Raum noch nicht sehr präsent. Daher ist es neben den beiden anderen großen Businessnetzwerken LinkedIn und vor allem Xing in der Bedeutung zu vernachlässigen. Anders sieht es bei internationalen Kontakten und vor allem Beziehungen im französischsprachigen Raum aus. Wenn Sie sich dafür interessieren und dort viel mit Akademikern zu tun haben oder selbst einer sind, sollten Sie Viadeo unbedingt ausprobieren.

studiVZ: www.studivz.net

studiVZ (Studentenverzeichnis) ist ein Social Network, das mehrheitlich der Verlagsgruppe Georg von Holtzbrinck gehört. Es wurde bis Anfang 2009 in den Sprachen Deutsch, Spanisch, Französisch, Italienisch, Polnisch und Englisch betrieben. Die anderssprachigen Versionen wurden allerdings eingestellt und nur die deutsche Version wird weiterbetrieben. studiVZ hat Ähnlichkeit mit Facebook. Es verfügt über die Ableger schülerVZ und meinVZ. Die Plattform hat nach eigenen Angaben 17 Millionen Benutzer (Juli 2010) und wird von 200 Mitarbeitern in Berlin betreut. Zielgruppe sind eindeutig Studenten sowie Alumni (ehemalige Studenten).

studiVZ bietet unter anderem folgende Funktionen:

- Erstellung eines Profils in den Kategorien „Student", „Schüler", „Alumnus", „Abiturient" und „Hochschulmitarbeiter" mit der Möglichkeit, Bilder hochzuladen
- Suche nach anderen Studenten, auch über die in Profilen hinterlegten Interessen und Lehrveranstaltungen
- Anzeige von Verbindungen zwischen im System registrierten Mitgliedern
- Bildung von Gruppen mit Diskussionsforen (inzwischen über eine Million)
- Fotoalben erstellen und Fotos hochladen: Mit 600 Millionen Fotos ist studiVZ nach eigenen Angaben die größte Foto-Community im deutschsprachigen Raum.
- Foto-Tagging: Einzelne Personen auf Fotos können mit deren Benutzerkonten verlinkt werden.

- „Gruscheln": Das ist eine Funktion zur Kontaktaufnahme mit anderen Mitgliedern. „Gruscheln" hat keine offizielle Definition, man interpretiert es jedoch meist als Verbindung der Wörter „grüßen" und „kuscheln".
- Melden: Links an verschiedenen Stellen der Seite, mit denen man die Betreiber auf Regelverstöße durch andere Nutzer oder Gruppen hinweisen kann
- Ignorieren: Bestimmte Personen können auf eine Ignorierliste gesetzt werden. Eine Kontaktaufnahme bzw. die Ansicht des Profils ist dann nicht mehr möglich.
- Plauderkasten: Mit Kontakten, die zur selben Zeit online sind, kann man wie in einem Instant Messenger chatten.
- Buschfunk: ein Twitter-ähnlicher Dienst, der ein Versenden von Nachrichten mit einer maximalen Länge von 140 Zeichen erlaubt. Diese Nachrichten werden bei allen „Freunden" auf der Startseite angezeigt.

Unsere Einschätzung

studiVZ hat seinen Schwerpunkt eindeutig bei Studenten. Hier ist die Plattform die unangefochtene Nummer eins im deutschsprachigen Raum. Für den Job- und Karrierebereich hat sie vor allem Bedeutung für Berufseinsteiger, da deren Profile von Personalentscheidern leicht eingesehen werden können. Im Netzwerkbereich für die Altersgruppe 30+, also auch für die weitere Karriereunterstützung oder für Selbstständige und Unternehmer, spielt studiVZ keine Rolle. In der Altersgruppe 17+ wandern viele Nutzer jedoch zu Facebook ab.

StayFriends: www.stayfriends.de

StayFriends ist eine Web-Community, um Schulfreunde wiederzufinden. Sie besitzt nach eigenen Angaben mehr als zehn Millionen Einträge an über 70.000 Schulen und bietet rund 11.000 über die Plattform organisierte Klassentreffen an (April 2010). Damit ist StayFriends der führende Anbieter von Kontakten zwischen ehemaligen Mitschülern in Deutschland. In seiner Basisversion ist es kostenlos, für die Nutzung aller Funktionen ist eine Gold-Mitgliedschaft für etwa zwei Euro im Monat nötig.

StayFriends ist einfach zu bedienen und reizvoll, weil man nur den oder die Namen seiner alten Schule(n) und den jeweiligen Abschlussjahrgang eingeben muss. StayFriends listet dann alle Teilnehmer auf, die in diesem Jahr auf derselben Schule waren. Im zweiten Schritt kann man sich dann mit seinen alten Klassenkameraden vernetzen und Nachrichten austauschen. So erfährt man natürlich viel Überraschendes über berufliche und private Entwicklungen.

Als Nachteil von StayFriends ist zu werten, dass man kein berufliches Profil eingeben kann. Daher erfährt man auch nichts über den beruflichen Werdegang seiner Mitschüler. Diese Information ist jedoch für aktives Netzwerken im Job sehr wichtig.

Unsere Einschätzung

StayFriends ist ein schönes „Nice to have". Für Networking-Zwecke ist die Plattform jedoch weniger geeignet als andere. Ohne eine Gold-Mitgliedschaft erhält man zudem nur sehr wenige Informationen über seine alten Klassenkameraden und kann diesen keine

Nachrichten senden. Wer aber gerne seine erste Liebe wiederfinden oder in seiner Vergangenheit forschen will, für den ist StayFriends sicher die erste Adresse auf dem Markt. Inzwischen findet man auch einen recht hohen Anteil seiner Schulfreunde dort, wobei der Anteil der Schulabgänger aus den 1980er-Jahren deutlich geringer ist als beispielsweise aus den 1990er-Jahren.

Weitere wichtige Dienste im Web

Neben den oben beschriebenen Social Networks gibt es noch weitere Möglichkeiten, sich im Web 2.0 zu äußern. Wir wollen diese nur ganz kurz streifen, da sie nicht zum eigentlichen Thema des Buches zählen.

Twitter

„To twitter" heißt übersetzt „Zwitschern". Twitter ist eine Internetanwendung, die es den Mitgliedern erlaubt, Freunden kurze Textnachrichten von maximal 140 Zeichen Länge zu schicken. Diese Freunde heißen „Follower" und erfahren auf diese Weise ständig, was im eigenen Netzwerk los ist.

Zwitter wurde im letzten amerikanischen Wahlkampf populär, weil der damalige Präsidentschaftskandidat mit seinen Anhängern munter twitterte und sie so bei Laune hielt. Jeder konnte damals ein Follower von Obama werden, auch deutsche User. Obama demonstrierte damit seine Offenheit für die Neuen Medien.

Der große Vorteil von Twitter liegt darin, dass dieser Webdienst auch über Handys genutzt werden kann. Daher kann jeder von praktisch überall zwitschern. Vor allem im Journalismus ist Twittern mittlerweile sehr beliebt, weil wichtige Informationen inzwischen von überall sofort Millionen Menschen zur Verfügung stehen.

Twitter wurde 2006 in San Francisco gegründet und hatte im September 2010 nach eigenen Angaben 170 Millionen eingetragene Accounts, davon etwa 500.000 in Deutschland.

Twitter spielt auch in der sonstigen politischen Meinungsbildung eine wichtige Rolle. So gelangten viele Informationen über den Volksaufstand in Tunesien Ende 2010 per Twitter an die Öffentlichkeit. Im Businessbereich spielt Twitter vor allem eine Rolle, um User mit Kurznachrichten zu informieren und auf die eigene Website zu lotsen.

YouTube

YouTube wurde 2005 in Kalifornien gegründet und ist ein Internet-Videoportal, auf dem die Benutzer kostenlos Video-Clips ansehen und hochladen können. Das Unternehmen wurde im Oktober 2006 von Google übernommen.

Auf YouTube befinden sich Film- und Fernsehausschnitte, Musikvideos sowie selbstgedrehte Filme. Sogenannte „Video-Feeds" können in Blogs gepostet oder auch einfach auf Webseiten eingebunden werden.

Die Bedeutung von YouTube im Networking liegt darin, dass auf dem eigenen Profil in Facebook oder Xing kleine Filme eingebunden werden können. Der Besucher des

Profils kann diese mit einem einfachen Mausklick erreichen und erfährt so mehr über die Person hinter dem Profil.

Auf den Punkt gebracht

- Die wichtigsten Social Networks im deutschsprachigen Raum sind Xing, Facebook und studiVZ. International sind vor allem LinkedIn für Businesskontakte und MySpace sowie Facebook für private Zwecke wichtig.
- Ehemalige Mitschüler können Sie auf StayFriends wiederfinden.
- Mit 230 Millionen Nutzern ist MySpace weltweit derzeit das größte Social Network, dicht gefolgt von Facebook mit 200 Millionen Mitgliedern.
- Zudem gibt es zahlreiche Nischennetzwerke, die vor allem bestimmte Märkte und Branchen abdecken. Hier muss individuell geprüft werden, wie sinnvoll sie für den Einzelnen sind.

Xing – das Netzwerk für Businesskontakte

Xing ist in Deutschland das am weitesten verbreitete Social Network im Businessbereich und wohl auch im Freizeitbereich inzwischen die Nummer Eins.

! Eine Anmerkung vorweg: Im Juni 2011 nahm Xing einen umfassenden Relauch seiner Website vor. Manche erprobte Funktionen wurden gestrichen, neue etabliert. Seither bessert Xing immer wieder nach, sodass wir zur Drucklegung der zweiten Auflage dieses Buches noch nicht absehen können, wie das endgültige neue Xing aussehen wird. Unsere Angaben zu den Funktionen sind daher unter Vorbehalt zu betrachten.

Virtuelles Netzwerken ist heute vor allem aus dem Geschäftslebens kaum noch wegzudenken. Wer auf die Frage „Wollen wir uns verxingen?" mit Unverständnis reagiert, wird schnell zum alten Eisen gerechnet, obwohl Xing erst seit wenigen Jahren eine solch bedeutende Rolle spielt. Allein daran lässt sich ermessen, wie schnelllebig die heutige Zeit geworden und wie wichtig es für viele Berufszweige ist, hier stets auf dem Laufenden zu bleiben.

Wir möchten Ihnen hier einen schnellen Einstieg in die Welt der virtuellen Netzwerke bieten. Vor allem wollen wir Ihnen jedoch zeigen, wie Sie effizient vorgehen und den größtmöglichen Nutzen daraus ziehen können. Denn Sie wollen ja irgendwann echte Kontakte, sprich: Menschen kennenlernen, echte Jobs und Aufträge erhalten oder mit wirklichen Menschen Sport treiben oder sich treffen.

Netzwerke haben eine technische und eine persönliche Seite: Bei der technischen geht es um die Art und Weise, sich anzumelden, sich zu vernetzen und die verschiedenen Möglichkeiten des Netzes zu nutzen. Das lernen Sie meist recht schnell, und es wird in den meisten Social Networks auch gut erklärt. Die persönliche Seite betrifft die Frage, was Sie selbst daraus machen und wie Sie Ihr Netzwerk nutzen. Erst das macht die wirkliche Effizienz eines virtuellen Netzwerks aus.

Nach unserer Erfahrung kann man nur mit einem Netzwerk wirklich erfolgreich sein. Sobald man in mehreren aktiv ist, zersplittert man unnötig seine Kräfte, vor alle dann, wenn man das Netzwerk auch für seinen beruflichen Erfolg nutzen will. Daher empfehlen wir Ihnen, sich nur auf ein System zu konzentrieren. Dieser Weg ist langfristig der erfolgreichste.

Xing kurz gefasst

Xing (www.xing.com) ist in Deutschland innerhalb der Zielgruppe der berufstätigen Menschen und für Businesskontakte das erfolgreichste und am weitesten verbreitete Netzwerk. Aber auch im Bereich privater Freizeitaktivitäten sowie als Diskussionsforum für verschiedene gesellschaftlich relevante Themen spielt es eine große Rolle. Die Internetplattform zeichnet sich durch folgende Eigenschaften und Funktionen aus:

- Jeder Nutzer legt sich ein eigenes Profil an. Dieses besteht aus den Rubriken „Ich suche", „Ich biete" und „Über mich", einem Foto sowie einer kurzen Vita.
- Es gibt eine kostenfreie Basis-Mitgliedschaft mit eingeschränkten und eine kostenpflichtige Premium-Mitgliedschaft mit allen Funktionen. Wir meinen hier den Premium-Nutzer, wenn wir von „Nutzer" sprechen.
- Jeder Nutzer kann sich mit anderen Nutzern vernetzen und sich ein privates Netzwerk mit sogenannten Kontakten aufbauen.
- Jeder Nutzer kann innerhalb des Netzwerks Nachrichten an eine oder bis zu zehn Personen schicken.
- Jeder Nutzer kann nach Stichworten im gesamten Netzwerk oder in seinen privaten Kontakten suchen.
- Jeder Nutzer kann in einer oder mehreren Gruppen Mitglied werden. Dort kann er in diversen Foren über bestimmte Themen diskutieren. Die Mitgliedschaft wird in aller Regel beantragt und vom Moderator freigeschaltet.

Die Funktionen sinnvoll nutzen

Wie können Sie Mitglied bei Xing werden? Ganz einfach: Sie gehen im Internet auf die Startseite von Xing (www.xing.com) und melden sich an. Dazu folgen Sie einfach dem Menü, das Sie über verschiedene Kontaktformulare leitet und Ihnen alle Schritte erklärt.

Vielleicht hat Sie auch jemand zu Xing eingeladen. Dann erhalten Sie von dieser Person eine E-Mail, in der Sie über einen vorgefertigten Text eingeladen und ebenfalls auf die entsprechende Website verlinkt werden. Wollen Sie Mitglied werden, so können Sie Ihrem Bekannten einen Gefallen tun, indem Sie sich über dessen Einladungs-E-Mail und nicht über die Hauptseite von Xing anmelden. Entschließen Sie sich nämlich jetzt oder später zu einer Premium-Mitgliedschaft, erhält Ihr Bekannter als Vermittlungsprovision eine Monatsmitgliedschaft gutgeschrieben. Das sind dann zwar nur knapp sechs Euro, was aber dennoch für viele ein erfreuliches Ereignis darstellt. Kann man doch mit seiner Xing-Weiterempfehlung sogar noch Geld verdienen.

Die Premium-Mitgliedschaft

Die Basis-Mitgliedschaft auf Xing ist kostenfrei. Mit ihr sind jedoch nicht alle Funktionen zugänglich. Wenn Sie Xing in seiner gesamten Bandbreite nutzen wollen, benötigen Sie eine Premium-Mitgliedschaft. Diese kostet ca. sechs Euro im Monat (2011) und eröffnet Ihnen folgende zusätzliche Möglichkeiten:

- Ihnen stehen alle Suchfunktionen offen: nach Stichworten, Orten, Unternehmen oder Berufen.
- Sie können alle Mitglieder direkt über persönliche Nachrichten im System kontaktieren.
- Sie erfahren, wer sich vor Kurzem Ihr Profil angesehen hat, und können diese Menschen gezielt ansprechen.
- Sie können sich auf dem Marktplatz präsentieren bzw. dort alle Angebote durchsuchen und einsehen.
- Wenn Sie bei Xing online sind, werden Ihre Seiten ohne Werbung dargestellt.

Eine Premium-Mitgliedschaft bei Xing lohnt sich. Viele nützliche Funktionen sind Ihnen nur so zugänglich. Und diese benötigen Sie, wenn Sie wirklich etwas mit Xing erreichen wollen. Ca. 6 Euro sind für die Nutzung eines dermaßen großen Pools an Kontakten ein sehr geringer Preis. Aber natürlich besteht auch die Möglichkeit, Xing zunächst kostenfrei auszuprobieren und erst später Premium-Mitglied zu werden.

Das Xing-Profil

Sobald Sie Xing-Mitglied geworden sind, sollten Sie zuerst Ihr Profil anlegen. Das Profil ist Ihre Visitenkarte auf Xing, mit der sich jeder Interessierte über Sie informieren kann.

Ihr Profil richten Sie ein, indem Sie in der Spalte links oben auf Ihr Foto klicken. Damit gelangen Sie direkt zu Ihrem Profil.

Businessdaten

Die erste Rubrik „Businessdaten" ist die für Sie wichtigste. Hier können Sie folgende Informationen eintragen:

- Persönliches/Ich suche: Füllen Sie diese Rubrik in Stichworten aus, verzichten Sie auf vollständige Sätze, führen Sie kurz und knapp auf, was Sie wirklich suchen.
- Persönliches/Ich biete: Auch hier sollten Sie nur in wenigen Worten sagen, was Sie wirklich anbieten.

Ihr Profil dient der Xing-internen Suchmaschine als Stichwortgeber. Optimieren Sie es daher für sie: Verwenden Sie vor allem Schlagworte, unter denen man Ihr Angebot auch abfragen würde. Fassen Sie sich kurz und verzichten Sie weitgehend auf allgemeingültige Begriffe. Auch hier gilt: Je seltener und exotischer die von Ihnen verwendeten Schlüsselwörter sind, desto eher werden Sie bei entsprechenden Anfragen gefunden: „Kunden" sucht jeder. „Märchenerzählen Wochenendkurse" schon viel weniger.

- Persönliches/Interessen: Hier können Sie ein paar Hobbys oder sonstige Interessen eintragen. Aber Vorsicht: Nennen Sie nur Begriffe, mit denen Sie auch in Verbindung gebracht werden möchten. Bedenken Sie, dass ein potenzieller Arbeitgeber Sie vielleicht nicht anstellen wird, wenn Sie als Hobby „extremes Klettern im oberen Risikobereich" angeben. Dann denkt er vielleicht, dass Sie die Hälfte Ihrer Zeit im Krankenhaus verbringen.
- Persönliches/Organisationen: Hier können Sie Organisationen nennen, in denen Sie Mitglied sind. Bedenken Sie auch hier, welche Außendarstellung Sie damit abgeben.
- Berufserfahrung: Hier ist Platz für Ihre bisherigen beruflichen Stationen. Sie sollten genau erwägen, was Sie alles schreiben wollen. Wenn Sie Xing für berufliche Zwecke einsetzen oder sich gerade oder später bewerben möchten, dann sollte auch Ihr Profil den Regeln einer Bewerbung entsprechen: Ein Personaler kann sich heute ganz einfach Ihr Profil bei Xing oder einem anderen

Netzwerk ansehen. Und wenn er keinen guten Eindruck von Ihnen erhält, lädt er Sie vielleicht gar nicht erst ein.

- Beim Status wählen Sie aus einer vorgegebenen Liste.
- Auszeichnungen sind selbsterklärend (z. B. Bundesverdienstkreuz, sportliche Leistungen).
- Ob Sie Ihre Kontaktdaten frei verfügbar machen, müssen Sie entscheiden. Ihre Privatsphäre ist besser geschützt, wenn Sie sie vollständig oder teilweise zurückhalten. Wenn Sie Ihre Businessdaten jedoch sowieso auf Ihrer Website stehen haben, gibt es keinen Grund, sie nicht auch bei Xing zu veröffentlichen.

> **!** Ihre Privatsphäre können Sie definieren, indem Sie in der Übersicht auf das Symbol „Einstellungen" – in der linken Spalte ganz unten – klicken. Wählen Sie hier den Reiter „Privatsphäre" und legen Sie fest, welche Ihrer privaten Daten von außen einsehbar sein sollen.

Das Profilfoto

Ein Bild sagt mehr als tausend Worte. Wählen Sie daher ein aussagekräftiges und sympathisches Foto für Ihr Xing-Profil aus. Kommunikation funktioniert überwiegend über visuelle Eindrücke – man sollte Sie auf dem Foto also auch erkennen können. Berücksichtigen Sie zudem, dass die Fotos bei Xing nicht sehr groß dargestellt werden. Von der sehr beliebten Variante, sich mit einem Urlaubsbild vor dem Brandenburger Tor oder dem Eiffelturm in vier Millimetern Größe darzustellen, raten wir daher dringend ab.

Das richtige Xing-Foto

- *Investieren Sie ein paar Euro und lassen Sie ein Bild vom professionellen Fotografen machen.*
- *Sehen Sie in die Kamera; Halbprofil wirkt oft am besten.*
- *Lachen Sie auf dem Bild. Bringen Sie sich fürs Shooting in Stimmung und lassen Sie gleich eine Serie von Fotos produzieren, aus der Sie das beste Bild auswählen können.*
- *Alternativ sind auch Actionfotos möglich, die entweder aus Ihrem realen Leben stammen oder gestellt sind. Die Bilder sollten jedoch mit Ihrem beruflichen oder privaten Ziel in Zusammenhang stehen. Als Outdoor-Trainer dürfen Sie sich ruhig in einer Steilwand hängend abbilden, für ein Jobgesuch bei einer Bank sind eher ruhigere Motive zu empfehlen.*

Legen Sie das Bild als Grafikdatei (jpg, png, bmp, gif) auf Ihrer Festplatte ab. Es muss eine Mindestgröße von 140 × 185 Pixel haben und darf nicht größer als 900 KB sein. Sie können es beim Anlegen des Profils über das Menüfenster oben links direkt hochladen.

!

Natürlich können Sie alle Daten in Ihrem Profil nachträglich über den „Bearbeiten"-Button ändern. Sie können über die Menüleiste zudem viele weitere Einstellungen vornehmen. Klicken Sie sich einfach mal durch. Wir empfehlen aber, sich schon beim Start bei Xing Zeit für die Profilerstellung zu nehmen, weil viele ihr Profil später nicht mehr ändern.

Die „Über mich"-Seite

Ebenfalls über im Profil finden Sie die Rubrik „Über mich". Dort können Sie sich in einem freien Text selbst charakterisieren. Dabei gibt es keine Beschränkungen, wir empfehlen jedoch, den Text sorgfältig abzuwägen, denn er ist für die ganze Xing-Gemeinde zugänglich.

Weitere Tipps zum Profil

- Im Hauptmenü finden Sie rechts außen die Rubrik „Mitglieder, die mein Profil kürzlich aufgerufen haben". Hier können Sie Menschen ermitteln, die sich für Sie und Ihr Profil interessieren. Wenn Sie eine solche Person ebenfalls interessiert, können Sie diese per Nachricht oder Kontaktwunsch gezielt anschreiben.
- In der Spalte rechts außen finden Sie kurz und übersichtlich alle wesentlichen Informationen zu Ihren Xing-Aktivitäten zusammengefasst. Dies sind zum Beispiel Ihre bestätigten Kontakte, Ihr Aktivitätsindex oder Ihre Gruppenzugehörigkeiten.

Kontakte hinzufügen

Sobald Sie Ihr Profil auf Xing angelegt haben, können Sie sich mit anderen Menschen vernetzen. Der Weg ist denkbar einfach: Auf der Startseite oben rechts erscheint ein Suchfeld, in das Sie den Namen der betreffenden Person oder Stichworte eingeben können. Als Stichwort bietet sich die Stadt an, in der der Gesuchte wohnt, sein Beruf, sein Unternehmen oder etwas anderes. Xing sucht in allen Profilen nach den genannten Begriffen und zeigt dann eine

Auswahl von Personen mit Foto an. Wenn der Gesuchte darunter ist, erreichen Sie mit einem Mausklick das gewünschte Profil.

> In der Übersicht finden Sie unter „Mitglieder finden" die Möglichkeiten, nach Kontakten zu suchen, die mit Ihnen übereinstimmen.

Im nächsten Schritt vernetzen Sie sich mit der Person. Dazu benutzen Sie die Funktion „Als Kontakt hinzufügen", die sich rechts oben neben deren Profilfoto befindet. Per Mausklick wird der Kontaktwunsch an die entsprechende Person weitergeleitet. In einer kurzen Mail sollten Sie Ihren Kontaktwunsch kurz begründen.

> Begründen Sie Ihren Kontaktwunsch so, dass sich der potenzielle Partner auch angesprochen fühlt und weiß, was er von Ihnen erwarten kann. Die Begründung: „Sie haben mein Profil besucht, wollen wir uns nicht vernetzen?" oder „Kontakte schaden nur dem, der sie nicht hat" sind kaum zielführend. Besser ist es, auf ein Thema im Profil Bezug zu nehmen und sich genau deswegen zu vernetzen.

Sobald die Zielperson Ihre Nachricht erhalten hat, kann sie entscheiden, ob sie den Kontakt bestätigen oder ablehnen will. Sofern sie den Kontakt bestätigt, sind Sie beide miteinander vernetzt. Die betreffende Person wird künftig in Ihrer Rubrik „Bestätigte Kontakte" angezeigt. Die Anzahl der Kontakte sowie die Liste Ihrer Kontaktpersonen kann jederzeit von außen eingesehen werden.

> **!** Vergeben Sie von Anfang an Stichwörter, sogenannte Tags, zu jeder Person, sonst verlieren Sie sehr schnell den Überblick. Wählen Sie Ihre Tags nach dem Zweck, den Ihr Netzwerk erfüllen soll. Wenn Sie das Netzwerk beruflich nutzen, sind z. B. „Kunde", „Kooperationspartner" oder „Informationsträger" sinnvoll. Wenn Sie viel reisen und sich abends gerne mit Leuten treffen, können Sie die Kontakte z. B. nach Städten oder Postleitzahlen ordnen.

Das Sammeln von Kontakten ist für viele Nutzer von Social Networks der eigentliche Sinn des Netzwerkens. Ziel ist es, diese Kontakte für spätere Netzwerkzwecke nutzen zu können. Allerdings sollte man bei der Kontaktsuche gezielt und überlegt vorgehen. Hier zunächst die grundlegenden Möglichkeiten, an Kontakte zu kommen:

- Sie vernetzen sich mit Menschen, die Sie z. B. auf realen Netzwerktreffen oder Businessmeetings kennenlernen. Diese Art, Kontakte zu finden, ist inzwischen bei vielen Anlässen Standard geworden und zählt zur Adresspflege wie das Eintippen neuer Adressen in eine private Datenbank oder das Einsortieren von Visitenkarten.
- Sie suchen gezielt nach Menschen, die Ihnen in Ihrem früheren Leben begegnet sind und die Sie aus den Augen verloren haben. Das ist wie Detektiv-Spielen und macht besonders viel Spaß. Manch alter Schulfreund

wohnt vielleicht in Ihrer Nachbarschaft, auch wenn Sie inzwischen weit von zu Hause weg wohnen.

- Sie stoßen beim Surfen bei Xing auf einen interessanten Menschen und vernetzen sich mit ihm. Auch diese Möglichkeit wird sehr häufig genutzt und ist durchaus gängig, um sein persönliches Netzwerk zu erweitern.
- Sie nehmen Kontakt zu Menschen auf, die Sie in einer Ihrer Gruppen kennenlernen. Dort haben Sie den Vorteil, bereits mit Menschen zu kommunizieren, die ähnliche Interessen wie Sie haben und die sich mit Ihnen verbunden fühlen, weil sie in derselben Gruppe aktiv sind.
- Sie finden interessante Menschen in den Kontakten Ihrer Kontakte und vernetzen sich direkt mit ihnen.

Die Statusmeldung

Xing bietet die Möglichkeit, eine Statusmeldung zu verfassen. Dies ist ein kurzer Text, den Sie in Ihr Profil einfügen. In der Statusmeldung kann alles stehen, was sich bei Ihnen gerade ändert oder was Sie im Moment bewegt. „Caroline Krüll verabschiedet sich für drei Monate nach Hawaii" kann dort genauso stehen wie „Christian Schmid-Egger freut sich auf sein ausgebuchtes Seminar am kommenden Wochenende".

> Die Statusmeldung fügen Sie ein unter „Was möchten Sie Ihrem Netzwerk mitteilen?" oben auf der Übersichtsseite.

Die Statusmeldung erscheint auf der Startseite aller Ihrer Kontakte. Diese sehen dann sofort, was bei Ihnen gerade passiert. Bei „Hawaii" bekommen Sie sicher vor allem neidische Gedanken mit auf die Reise geschickt, bei einem ausgebuchten Seminar wird der eine oder andere aber auch denken: „Da will ich beim nächsten Mal auch hin". Sie selbst sehen so natürlich auch, was bei Ihren Kontakten los ist, und erinnern sich vielleicht an den einen oder die andere, den oder die Sie schon länger mal wieder anrufen wollten. Die Statusmeldung ist also eine Möglichkeit, sich immer wieder in Erinnerung zu bringen.

Die Gruppen

Will man auf Xing Spuren hinterlassen, interessante Dinge erfahren, sich über den Sinn des Lebens auslassen oder einfach nur Spaß haben, sollte man Mitglied in einer oder mehreren Gruppen werden. Gruppen hauchen den Social Networks erst wirkliches Leben ein.

! Gruppen findet man in der Hauptmenüleiste *Gruppen – Übersicht*. Man kann unter „Meine Gruppen" auch nur die Gruppen aufrufen, in denen man selbst Mitglied ist. In den Einstellungen zur Privatsphäre kann man auch entscheiden, welche Gruppenzugehörigkeiten für andere sichtbar sein sollen.

In den meisten Gruppen kann man als Nichtmitglied zwar mitlesen, aber nichts schreiben. Will man das tun, beantragt man eine Mitgliedschaft. Dazu klickt man auf

„Jetzt Mitglied werden". Meist muss man noch eine kurze Begründung schreiben, warum man Mitglied werden will. Der Gruppenmoderator schaltet Sie dann frei oder auch nicht. Bei manchen Gruppen wird man sofort Mitglied.

Sobald man Mitglied einer Gruppe ist, erscheint man in deren Mitgliederliste. Im eigenen Profil werden ebenfalls alle Gruppenmitgliedschaften angezeigt. Dies gibt Menschen, die sich über Sie informieren wollen, schon einmal einen ersten Eindruck von Ihnen. Wählen Sie Ihre Gruppen daher auch strategisch aus und überlegen Sie, mit welchen Sie gerne in Verbindung gebracht werden möchten.

Verhalten in Gruppen

In einer Gruppe können Sie auf mehrere Arten aktiv werden. In fast allen besteht zuerst einmal die Möglichkeit, sich vorzustellen. Das sollten Sie auch tun, denn so können Sie einen Abdruck von sich im Netz hinterlassen.

Ihr Hauptbetätigungsfeld werden Sie jedoch in den Foren finden. In allen Gruppen gibt es Diskussionsforen, die meist nach Rubriken geordnet sind. Hier können Sie sich einbringen und austoben. Allerdings empfehlen wir auch hier, überlegt vorzugehen und Ihre Beiträge vor allem unter Image-Gesichtspunkten abzufassen.

Sehen Sie sich die Gruppen genau an und entscheiden Sie, ob sie wirklich nützlich sind. Nach unserer Beobachtung gibt es folgende Gruppentypen:

- Regionale Nutzwertgruppen: Das sind Gruppen, die über das soziale oder geschäftliche Leben in einer Stadt oder Region informieren. Solche Gruppen bestehen inzwischen für fast alle größeren Zentren in Deutschland. Sie informieren über Veranstaltungen aller Art oder aktuelle Entwicklungen. Die Teilnahme ist sinnvoll, weil man erfährt, wo etwas los ist und wo man interessante Menschen treffen kann. Solche Gruppen können sehr groß sein und mehrere Tausend Mitglieder umfassen.

- Freizeit-, Spaß- und Hobbygruppen: Auch hiervon gibt es sehr viele auf Xing. In der Regel haben sie weniger Mitglieder, die sich jedoch dafür oft auch persönlich kennen und mit der Gruppe ihre Aktivitäten koordinieren und untereinander Kontakt halten. Solche Gruppen sind sicher nur für echte Interessenten sinnvoll, die sich darin auch integrieren möchten.
- Gruppen zu berufsspezifischen Themengebieten: Wenn Sie freiberuflicher Coach, Steuerberater oder Grafiker sind, finden Sie auf Xing bestimmt eine oder mehrere Gruppen, in denen Sie sich vor allem mit Kollegen vernetzen und austauschen können. In manchen kann man konkrete Fragen stellen und erhält fundierte Antworten, in anderen findet kaum ein echter Informationsaustausch statt. Die Frage ist natürlich auch, ob man seine guten Insidertipps der breiten Öffentlichkeit und damit auch den Mitbewerbern zugänglich machen möchte. Auf der anderen Seite fallen Sie in solchen Gruppen mit fundierten und guten Beiträgen positiv auf und beeindrucken damit vielleicht auch potenzielle Kunden.
- Gruppen zu Special-Interest-Themen: Das sind meist kleine Gemeinschaften, die ein gemeinsames Interesse pflegen und sich über Xing vernetzen und informieren.

- Gruppen zu weltanschaulichen Fragen: Wenn Sie gerne über Politik oder Religion diskutieren, sich als Querdenker profilieren möchten oder einfach zu viel Zeit haben, dann finden Sie eine Reihe von Gruppen, in denen Sie sich austoben können. Allerdings verbringen Sie in solchen Gruppen Ihre Zeit oft mit sinnlosen Diskussionen. Manchen dieser Gruppen ist ein Abend mit einem spannenden Buch oder einem guten Freund auf jeden Fall vorzuziehen, zumal es in einigen Foren teilweise sehr deftig zugeht und die Regeln eines wertschätzenden Umgangs miteinander nicht immer eingehalten werden.

Tipps für das Verhalten in Gruppen

- *Werden Sie nur Mitglied in Gruppen, die Ihnen wirklich etwas bringen. Vermeiden Sie jedoch, ein Gruppensammler mit 30 oder mehr Mitgliedschaften zu werden. Die können Sie gar nicht mehr alle lesen, und nach außen geben Sie damit vielleicht ein fragwürdiges Bild ab.*
- *Bringen Sie sich in Ihren Gruppen auch wirklich ein. Werden Sie bekannt. Stellen Sie sich vor und schreiben Sie gelegentlich gezielte und qualitativ hochwertige Beiträge.*
- *Wenn Ihnen ein Thema wirklich am Herzen liegt, dann versuchen Sie, Co-Moderator zu werden. Viele Moderatoren freuen sich über Unterstützung. Fragen Sie dazu einfach per E-Mail beim Hauptmoderator nach, wenn die Gruppe für Sie stimmig ist.*

Eine eigene Gruppe gründen

Wollen Sie selbst Gruppenmoderator bei Xing werden und eine eigene Gruppe eröffnen? Das Prozedere ist denkbar einfach: Sie suchen ein geeignetes Thema, das bei Xing noch nicht vertreten ist und das Potenzial hat, viele Menschen anzusprechen. Dann beantragen Sie die Gruppe über die entsprechende Funktion. In den vorgegebenen Kontaktfeldern können Sie formlos begründen, warum Sie diese Gruppe aufmachen möchten, welche Ziele Sie damit verfolgen und welches Mitgliederwachstum Sie in den nächsten Monaten erwarten.

> **!** Eine eigene Gruppe melden Sie an in der Hauptmenüleiste unter *Gruppen – „Neue Gruppen vorschlagen"* (rechte Spalte). Folgen sie dort den Anweisungen.

Xing prüft Ihren Antrag und schaltet die Gruppe meist innerhalb der nächsten 7–14 Tage frei, wenn der Antrag bewilligt wird. Nach unserer Erfahrung ist es relativ unkompliziert, eine eigene Gruppe einzurichten.

Sobald Sie Ihre Gruppe haben, beginnt die eigentliche Arbeit. Sie müssen die Eingangstexte verfassen, in denen Sie den Zweck der Gruppe erklären, Regeln für den Umgang der Gruppenmitglieder untereinander aufstellen und verschiedene Diskussionsforen einrichten. Dann laden Sie Menschen ein, Ihrer Gruppe beizutreten. Alle diese Funktionen finden Sie einfach erklärt im Menü.

KIB – Neu in Berlin

Caroline Krüll zog vor wenigen Jahren von München nach Berlin. Doch wie dort neue Leute kennenlernen? Noch von München aus gründete sie die Xing-Gruppe „Kölner und andere Exilrheinländer in Berlin (KIB)". Da die Rheinländer sehr kontaktfreudig sind, wuchs die Gruppe aus dem Stand auf 50 Mitglieder, und zum ersten Kölsch-Stammtisch in Berlin kurz nach ihrem Umzug kamen bereits 17 Menschen. So einfach lassen sich über Xing Kontakte generieren.

Einladen können Sie persönliche Kontakte, also Menschen, die Sie bereits kennen und bei denen Sie glauben, dass sie sich für Ihre Gruppe interessieren. Außerdem können Sie gezielt auf Xing nach Menschen suchen, aus deren Interessenprofil hervorgeht, dass sie sich ebenfalls für dieses Thema interessieren könnten. Natürlich haben Gruppen nur dann einen Sinn, wenn es genügend Teilnehmer gibt, damit auch etwas in der Gruppe passiert.

Gleichzeitig müssen Sie als Moderator die Diskussionsforen zum Laufen bringen. Dies ist sehr wichtig, da die Foren zeigen, wie aktiv eine Gruppe ist. Am Anfang werden Sie vielleicht mit eigenen Beiträgen nachhelfen oder Menschen gezielt bitten müssen, etwas zu schreiben, damit sich die Foren füllen. Irgendwann entwickeln sich diese dann von allein weiter. Natürlich sollten Sie als Moderator die Diskussionen mitverfolgen und zum Beispiel einschreiten, wenn der Ton zu rau oder zu beleidigend wird.

Neben den Foren können Sie sich als Moderator auch über Gruppennewsletter äußern. Diese werden als interne Xing-E-Mail an alle Mitglieder versandt, also auch an diejenigen, die nicht regelmäßig in den Foren mitlesen oder völlig inaktiv sind. In den Newslettern können Sie sowohl auf Organisatorisches hinweisen als auch Gruppenthemen vorstellen.

Außerdem haben Sie als Moderator die Möglichkeit, bis zu acht Co-Moderatoren aufzunehmen. Diese können Sie bei Ihrer Arbeit unterstützen. Da die Rechte für die Co-

Moderatoren jedoch eingeschränkt sind, bleibt die letztendliche Kontrolle über die Gestaltung der Gruppe bei Ihnen.

> **!** So ernennen Sie Co-Moderatoren: Gehen Sie auf der Startseite Ihrer Gruppe auf *Verwaltung – Mitglieder verwalten* und wählen Sie dort die bestätigten Mitglieder aus. Rechts neben jedem Namen finden Sie einen Button: „Als Co-Moderator einsetzen".

Was bringt Ihnen Ihr Moderatorenstatus? Er bietet viele Vorteile. Vor allem aber werden Sie in Ihrer Gruppe bekannt. Sie können durch regelmäßige Gruppennewsletter zusätzlich auf sich oder Ihre Produkte aufmerksam machen. Oder Sie laden gezielt interessante Personen in Ihre Gruppe ein und haben so gleich einen Anlass für eine Kontaktaufnahme. Zudem können Sie sich mit allen Gruppenmitgliedern direkt vernetzen, was Ihr persönliches Netzwerk vergrößert.

Als Beispiel für eine gute Selbstvermarktung über eine Xing-Gruppe können manche regionalen Gruppen dienen. Diese umfassen mitunter mehrere Tausend Mitglieder und bieten oft Events an. Der jeweilige Veranstalter steigert seinen Bekanntheitsgrad damit beträchtlich.

Wie viele Kontakte braucht ein Mensch?

Welche Strategie ist beim Sammeln von Kontakten zu empfehlen? Wir werden weiter hinten in diesem Buch noch darauf eingehen, wie Sie Xing und andere Social

Networks sinnvoll für Ihre eigenen Ziele einsetzen. An dieser Stelle möchten wir uns vor allem dem Sammeln von Kontakten widmen.

Wenn Sie sich einige Zeit auf Xing bewegen, werden Sie feststellen, dass es Mitglieder gibt, die 6.000 oder mehr persönliche Kontakte haben. Toll, werden Sie denken, so viele Kontakte, dass muss ja ein besonders kommunikativer Mensch sein. Irgendwann erhalten Sie Kontaktanfragen von Menschen, die Sie nicht kennen …

Kontakte, die man dringend braucht?

Wir erhielten vor Kurzem die Kontaktanfrage eines Immobilienmaklers aus Ostösterreich. Wir leben in Berlin. „Hallo, Kontakte sind immer gut, wollen wir uns nicht vernetzen?" war sein Begrüßungstext.

Als Xing-Neuling freut man sich natürlich sehr darüber, dass einem ein fremder Mensch so viel Aufmerksamkeit schenkt. Begeistert klickt man auf „Kontakt bestätigen" und schreibt vielleicht noch eine nette Antwort. Ab jetzt ist man mit einem Immobilienmakler aus Ostösterreich vernetzt, endlich!

Doch wozu ist dieser Kontakt gut? Wird man je eine Immobilie in Wien kaufen wollen? Oder mit diesem Menschen mal ein Bier trinken gehen? Wohl kaum.

Wir sahen uns diese Person näher an: Er hatte 6.158 bestätige Kontakte. Das ist eine ganze Menge. Sein Geschäft betrieb er laut Profil regional, brauchte daher wohl kaum Kunden aus Berlin. Vermutlich bestand sein Ehrgeiz darin, möglichst viele Kontakte zu sammeln. Dagegen ist natürlich nichts einzuwenden. Jeder kann Xing oder andere Netzwerke nutzen, wie er will.

Wenn Sie ebenfalls ein solcher Kontaktesammler werden wollen: Auf Xing gibt es sogar eigens eine Gruppe dafür. Sie heißt schlicht und einfach „Kontakte", ihr einziger Zweck besteht darin, ihren Mitgliedern möglichst viele Kontakte zu verschaffen.

Vermutlich werden Sie mit zu vielen Kontakten kaum etwas anfangen können, weil Sie kaum noch wissen, wen Sie woher kennen. Wenn Sie also zum Beispiel einen Steuerberater brauchen oder weiterempfehlen möchten, finden Sie in Ihren Kontakten nicht nur den einen sympathischen Steuerberater wieder, den Sie kürzlich persönlich kennenlernten, sondern zehn weitere, die zufällig in Ihr Netzwerk geraten sind. Um diese zu finden, können Sie auch gleich in den Xing-Stichworten suchen oder die Gelben Seiten nutzen. Auf diese Weise nutzen Sie aber nicht mehr die Vorteile eines Social Networks, sondern befinden sich in einem Branchenverzeichnis. Und die gab es auch schon vor der Erfindung des Web 2.0.

Wenn Sie nicht unnötig kontaktiert werden möchten, können Sie das auch deutlich zum Ausdruck bringen:

Unerwünschte Kontaktaufnahme unterbinden

Vor einiger Zeit fanden wir in einem Profil in der Rubrik „Über mich" folgenden Hinweis, den wir hier sinngemäß wiedergeben: „Sehen Sie bitte von Kontaktanfragen an meine Person ab, wenn wir uns nicht bereits persönlich die Hand geschüttelt und in die Augen gesehen haben. Ich vernetze mich nur mit Menschen, die ich persönlich kenne."

Diese Strategie stellt das Gegenteil des oben geschilderten Falls dar und ist eine sehr restriktive Form des Netzwerkens.

Wir können Ihnen nicht sagen, welche Strategie für Sie sinnvoll ist. Wir glauben aber, dass das Kontaktesammeln in seiner extremen Form nicht mehr viel mit Netzwerken zu tun hat. Kontakte sind in Wirklichkeit Menschen, die normalerweise zu Ihrer Innengruppe (s. S. 7) gehören. Bei 6.000 oder mehr Kontakten stellt sich die Frage, ob die meisten davon wirklich noch etwas damit zu tun haben. Diese Frage wird für Sie zum Beispiel relevant, wenn Sie eine Empfehlung von jemandem möchten.

Nach Empfehlung fragen oder besser nicht?

Wenn ein Kontakt von Ihnen selbst 100 bis 200 eigene Kontakte hat, können Sie davon ausgehen, dass er einen Teil davon persönlich kennt. Sie könnten Ihren Kontakt also zum Beispiel nach einem Steuerberater fragen, den Sie in seinen direkten Kontakten entdeckt haben. Doch was ist, wenn Ihr Kontakt ein paar Tausend eigene Kontakte hat? Glauben Sie dann immer noch, von dieser Person eine gute Empfehlung erhalten zu können? Wohl nicht in jedem Fall.

Machen Sie sich daher zu Beginn Ihrer Aktivitäten in einem Social Network Gedanken über die beste Strategie.

Natürlich gibt es auch Fälle, wo das Sammeln von Tausenden von Kontakten sinnvoll ist. Es gibt z. B. Menschen, die vor allem Xing für ihre eigene Vermarktung nutzen und dabei auf eine breite Streuwirkung setzen.

Auf den Punkt gebracht

- Xing ist die größte und wichtigste Internetplattform für Businesskontakte im deutschsprachigen Raum.
- Xing bietet eine Basis- und eine Premium-Mitgliedschaft. Nur mit der Letzteren kann man alle Funktionen vollständig nutzen.
- Im Profil stellen Sie sich vor. Verwenden Sie darin möglichst einzigartige Stichwörter, damit Sie durch die Suchmaschinen besser gefunden werden.
- Achten Sie darauf, dass Ihr Foto sympathisch wirkt und aussagekräftig ist.
- Die Statusmeldung ist eine weitere Möglichkeit, Aufmerksamkeit zu erregen.
- Die meiste Kommunikation findet in den Gruppen und Foren statt. Dort können Sie sich mit Beiträgen einbringen und neue Menschen kennenlernen.
- Wenn Sie eine eigene Gruppe gründen, können Sie Ihren Bekanntheitsgrad schnell erhöhen, egal ob es um einen Job, Freizeitgestaltung oder das Finden Ihres Traumpartners geht.

Ziele festlegen

Durch überlegtes Netzwerken können Sie die richtigen Menschen treffen und so beruflich oder privat Ihren Zielen näher kommen. Dazu müssen Sie in der Lage sein, die Kontakte herauszufiltern, die Sie persönlich weiterbringen.

Die Social Networks sind inzwischen sehr eng mit realen Netzwerktreffen verknüpft. So können Sie üblicherweise das Internet nutzen, um Kontakte herzustellen oder Veranstaltungen zu finden. Dann treffen Sie diese Kontakte bzw. gehen auf die entsprechenden Veranstaltungen und reden mit den Menschen. Gerade Xing bietet hierbei sehr viele Möglichkeiten. Anschließend kehren Sie ins Internet zurück und verwalten und pflegen dort Ihre Kontakte.

In den nachfolgenden Abschnitten zeigen wir Ihnen, wie Sie Xing und analog natürlich auch andere Netzwerke so nutzen und einsetzen können, dass Sie Ihr Ziel in kurzer Zeit erreichen.

Ziele als Basis des Netzwerkens

Bevor Sie Ihr Netzwerk aufbauen, egal ob im virtuellen oder im echten Leben, sollten Sie einige Gedanken Ihrer Strategie widmen. Denn wenn Sie strategisch vorgehen, werden Sie sicher erfolgreicher sein und Ihre Ziele schneller erreichen, als wenn Sie alles dem Zufall überlassen.

> Die erste Frage aller strategischen Planungen ist immer die Frage nach dem Ziel. Was möchten Sie mit Ihrem Netzwerk überhaupt erreichen? **!**

Wenn Sie über diese Frage nicht nachdenken, ergeht es Ihnen schnell wie einem Bekannten von uns, der im künstlerischen Bereich selbstständig ist und hier verschiedene Produkte anbietet. Er besucht in Berlin regelmäßig Business-Netzwerktreffen und meinte letztlich ganz entnervt:

„Diese Treffen bringen mir überhaupt nichts." Auf unsere Frage, was er denn dort genau anbietet, meinte er nur: „Ich habe so viele Ideen, ich weiß nicht, was ich den Leuten sagen soll. Meist reden wir nur nett über das Wetter, und das war's dann schon." Kein Wunder, dass es so nicht klappt. Doch so etwas ist nicht selten, wie wir in unserer Coaching- und Beratungspraxis immer wieder feststellen.

Die wesentlichen Nutzertypen in Netzwerken aller Art lassen sich grob in drei Gruppen einteilen:

- Sie sind selbstständig oder Unternehmer: Durch Ihr Netzwerk suchen Sie vor allem Kunden oder Kontakte zu Zulieferern, potenziellen Kooperationspartnern oder Ideenlieferanten, oder Sie suchen ein Forum für den fachlichen Austausch.
- Sie sind angestellt: Durch Ihr Netzwerk suchen Sie vor allem Anregungen für Ihren Job oder neue Möglichkeiten, sich beruflich weiterzuentwickeln. Manchmal suchen Sie auch als Angestellter nach Kunden, zum Beispiel, wenn Sie im Vertrieb arbeiten.
- Sie betreiben Ihr Netzwerk für private Zwecke: Sie suchen Partner für Sport und Freizeit oder Eltern, mit denen Sie sich in der Kinderbetreuung abwechseln können. Oder Sie suchen einen Partner fürs Leben.

Ziele festlegen

Nehmen Sie sich eine Stunde Zeit und überlegen Sie, was genau Sie mit Ihrem Netzwerk erreichen wollen. Schreiben Sie Ihre Ziele auf – das hilft, die Gedanken besser zu strukturieren. Ihre Ziele sollten dabei sehr konkret sein. „Ich will durch mein Netzwerk meinen beruflichen Erfolg verbessern" ist zu ungenau und hilft Ihnen nicht weiter.

Gute Zielformulierungen sind:

- *„Ich suche Kunden für mein Produkt."*
- *„Ich suche Menschen, mit denen ich mich über mein Arbeitsgebiet fachlich austauschen kann."*
- *„Ich suche einen neuen Job und möchte mit Entscheidern ins Gespräch kommen."*
- *„Ich suche Menschen, mit denen ich gelegentlich am Wochenende Sport treiben kann."*

Je klarer Sie Ihr Ziel vor Augen haben, desto eher werden Sie es auch erreichen können. Häufig ist der erste Schritt zum Aufbau eines Netzwerks jedoch auch mit der Frage verbunden, was Sie bei Ihrer derzeitigen Tätigkeit erreichen möchten. Diese Frage sollten Sie zuerst klären, sonst vergeuden Sie viel Energie im unergiebigen Kontakt mit anderen Menschen und werden schnell unzufrieden.

Sobald Sie Ihr Ziel kennen, können Sie weitere Schritte planen, um Ihren Netzwerkaufbau sinnvoll voranzutreiben. Dabei helfen Ihnen folgende Punkte:

- Welche Menschen können mich unterstützen? Brauche ich Kunden, Gleichgesinnte, Branchenspezialisten, Geschäftspartner, Menschen mit bestimmten Hobbys?
- Wo treffe ich diese Menschen? Überlegen Sie sorgfältig, wo sich die besten Chancen ergeben. Im Beispiel unserer Juristin (s. S. 10) lag die Wahl der Kantine im Patentamt nahe, denn anders hätte sie als Studentin kaum eine Chance gehabt, auf erfahrene Patentanwälte zu tref-

fen. Als fertige Anwältin bieten sich hingegen v. a. Fachkongresse oder andere branchenspezifische Events an.

- Was will ich bei diesen Menschen erreichen? Wenn ich nun nach aufwendigen Vorarbeiten endlich und wie zufällig mit meiner Zielperson spreche, was ist mein Anliegen? Dieses Anliegen sollten Sie kurz und aussagekräftig formulieren können.
- Wie baue ich mein Netzwerk weiter aus? Adressen und Kontakte sammeln allein reicht nicht. Sie müssen auch wissen, was Sie damit anfangen wollen.

Mit diesen Punkten können Sie sich eine Strategie zurechtlegen, mit der Sie Ihr Netzwerk systematisch aufbauen und pflegen. Irgendwann haben Sie einen großen Pool von Kontakten, mit dem Sie hervorragend arbeiten können.

Ziele mit Xing erreichen

Wie können Sie Xing oder ein anderes Netzwerk wirksam nutzen, um Ihren privaten oder geschäftlichen Erfolg damit nachhaltig zu unterstützen oder zu verbessern? Das beste Vorgehen hängt natürlich von Ihren Zielen ab. Daher wollen wir hier verschiedene Fälle betrachten und dafür eine effiziente Vorgehensweise empfehlen. An dieser Stelle geben wir Ihnen schon mal ein paar Tipps, die für alle Ihre Absichten auf Xing nützlich sind:

Schaffen Sie Bewegung

Xing zeigt die meisten Änderungen, die Sie auf Ihrer Seite vornehmen, als Meldung in der Rubrik „Neues aus meinem Netzwerk" an. Diese Meldungen sehen alle Ihre Netzwerkpartner. Wenn Sie also regelmäßig Änderungen vornehmen, bringen Sie sich damit elegant wieder ins Gedächtnis vieler Menschen zurück. Und wer an Sie denkt, erinnert sich vielleicht auch an Ihr Anliegen und hat vielleicht sogar einen Auftrag oder eine wichtige Information für Sie. Für Änderungsmeldungen können Sie nutzen:

- Ihr Profil: Ändern Sie es gelegentlich. Neben der Bewegung ist es auch wichtig, dass Sie Ihr Profil immer aktuell halten.
- Ihre Kontakte: Ihr Netzwerk kann sehen, wenn Sie neue Kontakte dazugewinnen.
- Ihre Gruppenzugehörigkeiten: Wenn Sie in eine Gruppe eintreten, wird dies in Ihrem Netzwerk angezeigt.

> Natürlich können Sie die Xing-Benachrichtigungen für Ihr Netzwerk auch abstellen. Dies geschieht in der Hauptmenüleiste (Zahnradsymbol links unten) unter: *Einstellungen – Benachrichtigungen.* Unter *Einstellungen – Privatsphäre* finden Sie die Rubrik „Neues aus meinem Netzwerk", in der Sie festlegen können, wer was sehen kann.

Fallen Sie positiv durch Gruppenbeiträge auf

Werden Sie Mitglied in Gruppen, in denen auch potenzielle Kunden oder Interessenten von Ihnen sind. Verfolgen Sie die Diskussionen und mischen Sie sich ein, wenn Sie durch Fachwissen oder eine klare Positionierung Aufmerksamkeit erregen können. Vermeiden Sie jedoch unbedingt die folgenden Fehler und Fettnäpfchen:

- Streiten Sie sich in Foren nicht mit den Teilnehmern und vermeiden Sie persönliche Angriffe. Diese fallen immer auf Sie zurück und hinterlassen ein negatives Bild.
- Wenn Sie persönlich angegriffen werden, dann reagieren Sie ruhig und sachlich. Sie schreiben nicht für die Person, die Sie persönlich angreift oder ein Problem mit Ihnen hat – diese lässt sich meist sowieso nicht belehren –, sondern Sie schreiben für die anderen Leser. Denn dort sitzt Ihre wirkliche Zielgruppe.

! Wenn Sie in Foren oder in der Rubrik „Mitglieder fragen" durch rassistische oder in anderer Weise anstößige Inhalte auffallen, werden Ihre Beiträge recht schnell gelöscht. Xing muss das auch tun, weil es als Herausgeber für die Inhalte verantwortlich ist. Vermeiden Sie daher alle Themen, die Sie und Xing in Bedrängnis bringen können.

- Vermeiden Sie diskriminierende oder abfällige Bemerkungen über Minderheiten oder sonstige Tabuthemen. Auch das wird auf Sie zurückfallen und Ihrem Image schaden. Das Gleiche gilt im Übrigen auch beim Small Talk im wirklichen Leben.

- Vermeiden Sie, sich auf politische oder religiöse Meinungen festzulegen, es sei denn, Sie wollen dieses Thema gezielt für Ihren Imageaufbau nutzen. Als Mitarbeiter einer katholischen Zeitung sind Sie vermutlich auch ein Verfechter des Katholizismus und können das in den Foren nutzen. Aber als Anhänger einer bestimmten, vielleicht auch extremen politischen Richtung verprellen Sie vielleicht einen künftigen Arbeitgeber, der politisch andere Ansichten hat.
- Machen Sie sich durch Ihre Beiträge nicht lächerlich und achten Sie auf Ihre Rechtschreibung. Auch wenn Rechtschreibung im Web 2.0 immer mehr zur Nebensache wird, sind mangelnde orthografische Kenntnisse manchmal doch ein Ausschlusskriterium für potenzielle Mitarbeiter oder Dienstleister.
- Schreiben Sie nicht zu oft. Menschen, die regelmäßig und mehrfach am Tag einen Beitrag auf Xing verfassen, wirken nicht ausgelastet. Bei einem Selbstständigen glaubt man daraufhin, dass er erfolglos ist, und bucht ihn nicht. Bei einem Angestellten glaubt man, dass er seine Arbeitszeit vor allem im Internet verbringt, und wird ihn nicht gerne einstellen.

Für Gruppenbeiträge empfehlen wir daher:

- Schreiben Sie vor allem sachlich und drücken Sie durch Ihren Beitrag etwas aus oder bringen Sie einen neuen Aspekt ins Spiel.

- Lassen Sie in Ihre Beiträge unauffällig einfließen, was Ihre Ziele im Netzwerk sind. Wenn Sie beispielsweise Berater sind, dann können Sie schreiben: „In meiner Beratungspraxis habe ich oft Kunden, die genau mit diesem Problem kommen. Ich empfehle dann meistens …". Das wirkt nicht aufdringlich und animiert vielleicht Menschen, die ein ähnliches Problem haben, bei Ihnen wegen eines Auftrags anzufragen.
- Beziehen Sie klar Stellung. Natürlich gefällt das nicht jedem. Aber andere fühlen sich dadurch angezogen. Unauffälliger Gleichklang und Mainstream ist keine erfolgreiche Strategie, wenn man (positiv) auffallen will.
- Vermitteln Sie Sachkenntnis. In Forenbeiträgen können Sie oftmals Ihre Kompetenz unter Beweis stellen. Und denken Sie immer daran: Sie kommunizieren nicht nur mit den jeweils aktiven Partnern im Forum, sondern auch mit der schweigenden Mehrheit der Leser.

! Bedenken Sie, dass das Internet nichts vergisst. Ihre Beiträge sind über Suchmaschinen auch noch nach Jahren leicht auffindbar. Wenn Sie also in Ihrer frühen Zeit glühende Beiträge über die Rechtfertigung von Sitzblockaden vor Atomkraftwerken als Mittel der demokratischen Meinungsäußerung im Web verfasst haben, brauchen Sie sich nicht zu wundern, wenn Ihre Bewerbungen beispielsweise bei deutschen Banken stets scheitern. Ein Personaler braucht heute nicht mehr die Dienste eines Detektivbüros, um sich über Ihre Vergangenheit zu informieren, sondern es reichen ein Internetzugang und Google. Auch Ihre Diskussionsbeiträge in einem Social Network bleiben der Nachwelt in irgendeiner Form erhalten. Daher kann es sinnvoll sein, diese nur mit Ihrem Vornamen oder Ihren Initialen zu unterschreiben.

Arbeiten Sie mit den Statusmeldungen

Ändern Sie regelmäßig Ihre Statusmeldung, wie wir das oben beschrieben haben (s. S. 41). Damit erzeugen Sie Aufmerksamkeit und rufen sich immer wieder bei Ihren Partnern ins Gedächtnis.

Mit Xing-Mitgliedern in Kontakt treten

Xing will seine Mitglieder vor Spams und unerwünschter Werbung schützen. Dies funktioniert aus unserer Sicht auch sehr gut und ist ein Grund dafür, dass man sich auf Xing recht stressfrei bewegen kann. Dennoch gibt es natürlich Möglichkeiten, wie Sie Ihre eigenen Themen auf Xing veröffentlichen können. Wenn Sie das eher zurückhaltend tun, werden Sie auch erfolgreich sein. Wenn Sie es jedoch übertreiben, werden Sie von Xing abgemahnt. Xing verschickt immer dann Abmahnungen, wenn sich mehrere Mitglieder über Ihre Nachrichten beschweren oder diese als Spam melden. Im Zweifel muss man jedoch selbst ausprobieren, wo die Grenzen liegen. Hier können wir keine allgemeingültigen Tipps geben.

Doch welche Möglichkeiten gibt es überhaupt, andere Xing-Mitglieder anzuschreiben? Im Wesentlichen haben Sie drei Mittel:

Nachrichten senden

Die simpelste Möglichkeit, sich mit einer Botschaft an andere Mitglieder zu wenden, ist eine Nachricht. Diese funktioniert wie eine E-Mail, mit dem Unterschied, dass sie über das Xing-interne Netzwerk verschickt wird. Mit einer Nachricht können Sie allerdings nur maximal zehn Menschen gleichzeitig erreichen. Dafür ist es wiederum egal, ob Sie mit dieser Person vernetzt sind oder nicht.

Regeln für Nachrichten über Xing

Xing regelt das Versenden von Nachrichten zum Schutz der Mitglieder vor unterwünschten Mails über folgende Punkte:

- *Ihre Nachricht muss personalisiert sein.*
- *Es muss einen klaren Bezug zum Profil der Person geben.*
- *Die Nachricht soll sich an den Feldern „Ich suche/Ich biete" orientieren.*
- *Verboten sind Massen-Nachrichten, Multilevel Marketing (MLM) und Spams. Diese führen zur sofortigen Löschung Ihres Accounts.*

Vermeiden Sie es unbedingt, innerhalb von Xing mit Werbemailings und anderen Massen-Nachrichten zu arbeiten.

Events anbieten

Sie können Ihre Kontakte zu Events einladen. Auch wenn diese Events von Ihnen veranstaltet werden und vielleicht der Unterstützung Ihres Geschäfts dienen, dürfen Sie darüber informieren.

Gehen Sie in der Hauptmenüleiste auf *Event – Event anlegen*. Folgen Sie den Anweisungen im Menü. Klicken Sie anschließend auf „Anlegen und Gäste einladen" und laden Sie Ihre Kontakte, Gruppenmitglieder Ihrer selbst moderierten Gruppen oder andere ein.

Die Event-Funktion auf Xing können Sie nun für Ihre eigenen Zwecke nutzen. Wenn Sie zum Beispiel eine Geburtstagsparty veranstalten, dann laden Sie doch Ihre Xing-Kontakte dazu ein. Oder Sie wollen am Sonntag eine Fahrradtour mit vielen Gleichgesinnten machen. Auch das können Sie bei Xing als privates Event versenden. Natürlich funktioniert die Einladung auch für berufliche oder kommerzielle Zwecke. Nachfolgend geben wir Ihnen einige Anregungen, wie Sie Xing dafür nutzen können:

Wozu Sie alles einladen können

- *Sie sind Buchautor und wollen Ihr Buch bekannt machen? Veranstalten Sie doch eine Buchlesung und laden Sie über Xing dazu ein.*
- *Sie möchten die Eröffnung Ihres Ladengeschäfts feiern? Tun Sie sich mit einem Künstler zusammen, veranstalten Sie eine Vernissage und nutzen die Xing-Event-Funktion.*
- *Sie sind Event-Veranstalter und machen gerne rauschende Hauptstadtpartys mit vielen Menschen, natürlich auch, um besser bekannt zu werden? Laden Sie auch hierzu Ihre Kontakte über Xing ein.*
- *Sie möchten Ihr Unternehmen bekannt machen? Veranstalten Sie doch einen Tag der offenen Tür und laden Sie dazu Ihre Xing-Kontakte ein.*

- *Sie arbeiten in der Werbung, im Event-Bereich oder ganz woanders und benötigen viele gute persönliche Kontakte? Gründen Sie doch eine Freizeitgruppe auf Xing und veranstalten Sie zweimal im Monat ein knackiges Ereignis: Wandern, Bootsfahren, Beachvolleyballturnier mit anschließendem Grillen oder etwas Ähnliches. Laden Sie hierzu Ihre Xing-Kontakte über die Event-Funktion ein.*

Neben diesen Beispielen haben Sie unzählige weitere Möglichkeiten, Xing für Ihre Zwecke zu nutzen. Der Haken liegt, wie bereits geschildert, darin, dass Sie es nicht übertreiben sollten. Sobald Ihre Event-Einladungen zu häufig kommen und zu sehr nach Werbung aussehen, werden Sie von Xing abgemahnt. Nach einer solchen Abmahnung sollten Sie sich natürlich vorsichtiger verhalten, sonst besteht die Gefahr, dass Xing Ihren Account kündigt.

Wenn Sie jemanden zu einem Event einladen, kann diese Person per Mausklick angeben, ob sie zum Event kommen wird oder nicht. Alle zugesagten Kontakte setzt Xing auf eine Gästeliste. Diese Gästeliste können auch andere Gäste desselben Events oder gar alle Xing-Mitglieder einsehen. Wer Einsicht haben darf, wird dabei von Ihnen beim Anlegen des Events festgelegt.

! Als Interessent an einem Event haben Sie die Möglichkeit, die Gästeliste vorab einzusehen und zum Beispiel aufgrund der Zusagen zu entscheiden, ob Sie kommen wollen oder nicht. Gleichzeitig können Sie auch interessante Personen heraussuchen und sich mit diesen gleich per Nachricht verabreden.

Wenn Sie Xing dafür nutzen, Ihr Geschäft oder sich durch Events bekannt zu machen, ist es natürlich hilfreich, wenn Sie über sehr viele Kontakte verfügen. Aber auch bei einer geringeren Anzahl eigener Kontakte kann man die Event-Funktion schon sehr sinnvoll nutzen, um auf interessante eigene Termine und Events hinzuweisen. In den Gruppen spielen Events ebenfalls eine bedeutende Rolle.

Gruppennewsletter versenden

Die dritte Möglichkeit, sich direkt an andere Xing-Mitglieder zu wenden, ist der Gruppennewsletter. Diese Möglichkeit können Sie jedoch nur nutzen, wenn Sie Gruppenmoderator oder Co-Moderator sind.

Ein Gruppennewsletter ist eine normale Rund-Mail, mit der Sie alle Mitglieder Ihrer Gruppe erreichen können. Meist werden Gruppennewsletter eingesetzt, um Diskussionen anzuschieben, um auf bestimmte Ereignisse aufmerksam zu machen oder um zu Events einzuladen. Solche Einladungen können entweder, wie oben beschrieben (S. 62), als Xing-Event angelegt und verteilt werden, oder man schickt die Mitteilung als Gruppennewsletter herum.

Allerdings sollte man Gruppennewsletter auch nicht zu häufig einsetzen, sonst fühlen sich die Mitglieder vielleicht belästigt und treten aus der Gruppe aus. Natürlich hat man als Gruppenmitglied auch die Möglichkeit, ganz auf das Abo von Gruppennewslettern zu verzichten.

Wenn man einfaches Gruppenmitglied ist, kann man in manchen Gruppen ebenfalls eigene Nachrichten schreiben. Dazu gibt es manchmal spezielle Foren, in denen zum Beispiel Eigenwerbung ausdrücklich erlaubt ist.

Auf den Punkt gebracht

- Am Anfang des Netzwerkens sollten Sie sich überlegen, welche Ziele Sie damit verfolgen wollen. Nur wenn Sie Ihre Ziele gut kennen, können Sie Ihr Netzwerk effizient, zeitsparend und erfolgreich nutzen.
- Schaffen Sie in Ihrem Netzwerk Bewegung: Ändern Sie gelegentlich Ihr Profil, Ihr Profilfoto oder andere Elemente.
- Nutzen Sie die Xing-Gruppen, um positiv aufzufallen.
- Vermeiden Sie, sich persönlich zu Mitgliedern zu äußern oder mit negativen Beiträgen aufzufallen.
- Sie können mit einfachen Nachrichten andere Mitglieder auf Xing erreichen.
- Zusätzlich können Sie auf Xing Events anbieten und dazu alle Ihre Kontakte einladen. Doch Vorsicht: Zu viel davon wird von Xing als Spam gewertet. Sie erhalten unter Umständen eine Abmahnung.
- Wenn Sie Gruppenmoderator auf Xing sind, können Sie Ihre Gruppenmitglieder auch per Newsletter erreichen.

Netzwerken als Angestellter

Die bekannten Social Networks im Businessbereich werden zu großen Teilen von Angestellten genutzt beziehungsweise sind sogar, wie z. B. LinkedIn, aus Alumni-Netzwerken großer Universitäten hervorgegangen. Im Unterschied zu Selbstständigen oder Unternehmern haben Angestellte meist andere Ziele, wenn sie Social Networks nutzen.

Das Netzwerk als Karrieresprungbrett

Als wichtigstes Ziel des Netzwerkens sehen wir bei Angestellten jedoch die Förderung der eigenen Karriere. Eine gute Karriereplanung besteht – einfach ausgedrückt – darin, in regelmäßigen Abständen einen neuen Job mit besseren Möglichkeiten, mehr Verantwortung und einem besseren Verdienst zu erhalten. Neue Jobs können dabei sowohl im eigenen Unternehmen als auch bei Mitbewerbern oder in branchenfremden Unternehmen gefunden werden.

Wie kann man nun diese Ziele durch Netzwerken, besonders im Internet, erreichen? Wie wir eingangs schon erwähnt haben, kommt man beruflich vor allem dann voran, wenn man die richtigen Menschen kennt. Da man anfangs oft nicht weiß, wer richtig und wichtig ist, muss man viele Menschen kennenlernen. Dieser menschliche Faktor ist für das berufliche Vorankommen mindestens genauso wichtig wie die fachliche Qualifikation oder gute Soft Skills, also Eigenschaften wie „führen können", „sich durchsetzen können" und andere.

Interne Jobvergabe

Viele wichtige Jobs werden intern vergeben, weil die Unternehmen kein Interesse daran haben, einen langwierigen und teuren Bewerbungsprozess durchzuführen: Der Jobbedarf entsteht, spricht sich herum, manchmal gibt es eine interne Ausschreibung am Schwarzen Brett. Dann meldet sich ein Bewerber von irgendwoher, meist auf Empfehlung, bewirbt sich – und die Stelle ist wieder vergeben. Außenstehende haben kaum eine Chance, dabei berücksichtigt zu werden, es sei denn, sie werden empfohlen, weil sie jemanden im Unternehmen kennen. Und genau das kann man mit einem großen und gepflegten Netzwerk erreichen.

Im Laufe Ihres Berufslebens lernen Sie meist viele Menschen aus dem eigenen oder auch aus fremden Unternehmen kennen, die für Sie wichtig sein können. Sammeln und pflegen Sie diese Kontakte frühzeitig. Menschen, die Sie weiterbringen, können sein:

- Führungskräfte aus dem eigenen Unternehmen, aber aus anderen Abteilungen
- Kollegen aus Ihrem Team oder Ihrer Abteilung, mit denen Sie sich gut verstehen
- Menschen aus der eigenen Personalabteilung, mit denen Sie „gut können"
- Menschen aus anderen Unternehmen, die in einer ähnlichen Position wie Sie oder weiter fortgeschritten sind: Solche Menschen treffen Sie zum Beispiel auf Messen, auf Kongressen, aber auch bei Verhandlungen mit einem anderen Unternehmen.

- Vertriebler, Vertreter von Agenturen oder andere Dienstleister, mit denen Sie zu tun haben: Manchmal suchen Vertriebler nicht nur Kunden, sondern auch Kollegen. Und der Wechsel von der Werbeagentur in die Marketingagentur eines Kunden ist ja schon fast ein Netzwerkklassiker.
- Kunden: Wenn Sie selbst im Vertrieb arbeiten, haben Sie tagtäglich mit Kunden und oft auch mit interessanten Unternehmen zu tun. Pflegen Sie solche Kontakte nicht nur für Ihre Vertriebszwecke, sondern sichten Sie sie auch für Ihre Karriereplanung. Warum nicht vom Vertrieb auch mal in den Einkauf wechseln?

Doch wie pflegen Sie berufliche Kontakte? Die Social Networks, allen voran Xing, haben einen großen Nachteil: Ihr Chef oder die Personalabteilung lesen mit. Und wenn sich bei Ihren Kontakten auf einmal die Kollegen des wichtigsten Mitbewerbers häufen, kann es für Sie schnell kritisch werden.

Um das zu verhindern, gibt es verschiedene Möglichkeiten. Sie können Ihre Kontakte für andere unsichtbar machen (unter dem Zahnradsymbol auf der Hauptseite links unten: *Einstellungen – Privatsphäre*) und erst dann freischalten, wenn Sie sich aktiv bewerben. Oder Sie verwalten Ihre Kontakte außerhalb des Internets. Bedenken Sie bei allen Aktivitäten in Social Networks und an anderen Stellen im Internet, dass Sie durch das Web extrem „gläsern" werden. Wir haben dazu weiter oben (s. S. 60) etwas geschrieben.

Natürlich sollten Sie Ihr Kontaktnetzwerk dennoch pflegen. Hierzu gibt es die folgenden Möglichkeiten:

- Auf Messen, Kongressen oder anderen Events können Sie gut Kontakte zur Branche halten. Sprechen Sie dort mit Ihren Netzwerkkontakten und tauschen Sie sich aus. Aber Vorsicht im Umgang mit Wettbewerbern: Plaudern Sie keine Interna aus, um sich vielleicht beim Personalchef eines potenziellen Arbeitgebers beliebt zu machen. Niemand stellt gerne Mitarbeiter ein, denen es an Verschwiegenheit mangelt. Besser ist der unverbindliche Small Talk über die Branche oder andere Themen.

- Wenn Sie beruflich in anderen Unternehmen zu tun haben, sollten Sie diese Chance stets zu einem kurzen Besuch bei Ihren Netzwerkkontakten nutzen. Ein kurzes „Hallo" oder ein schneller Kaffee reichen meist aus, um sich wieder in Erinnerung zu bringen.

- Sofern es der Grad Ihrer Bekanntschaft oder das dienstliche Verhältnis zulassen, können Sie auch mit Glückwunschkarten und kleinen Geschenken zum Geburtstag oder zu Weihnachten punkten. Halten Sie diese Glückwünsche möglichst persönlich und schreiben Sie mit der Hand.

Wenn Sie sich dann aktiv bewerben (müssen), dann sollten Sie Ihre Kontakte natürlich direkt ansprechen. Rufen Sie sie an und reden Sie Klartext. Sagen Sie, dass Sie dabei sind, sich einen neuen Job zu suchen. Fragen Sie, welche Möglichkeiten im Unternehmen des Netzwerkpartners bestehen oder was er für Sie tun kann. Halten Sie sich in solchen Fällen keinesfalls zurück, sondern handeln Sie. Das ist völlig legitim, außerdem haben Sie ja genau für diesen Zweck Ihr Netzwerk aufgebaut.

> Legen Sie sich eine gute Begründung für Ihren Wechselwunsch zurecht. Gut ist immer, wenn Sie neue Perspektiven oder Herausforderungen suchen, die Ihnen Ihr altes Unternehmen nicht bieten kann. Sie können auch darauf verweisen, dass bald Umstrukturierungen anstehen, nach denen Sie keinen Platz mehr für sich sehen. Vermeiden Sie jedoch alles, was den Eindruck entstehen lässt, dass Sie bald gehen müssen, weil Ihr Unternehmen Sie nicht mehr will. Damit werden Sie sofort auch für ein anderes Unternehmen uninteressant.

Natürlich können Sie auf viele andere Arten ebenfalls von Ihrem Netzwerk profitieren. Gerade auf Messen erhalten Sie in den Gesprächen zwischendurch sehr viele Insiderinformationen aus der Branche. Wenn Sie also über den Buschfunk erfahren, dass ein Mitbewerber oder eine andere Abteilung Ihres Unternehmens auf dem chinesischen Markt expandieren will und händeringend Leute sucht, Sie aber schon immer nach Ostasien wollten, dann wissen Sie, wo Sie am nächsten Tag anrufen werden.

Jobsuche in Social Networks

Für viele sind Social Networks inzwischen eine wichtige Quelle für die aktive Jobsuche geworden. Die Möglichkeiten reichen vom einfachen Vermerk im Profil („suche neue Herausforderung“) bis hin zu den zahlreichen Jobangeboten und -börsen in den verschiedenen Online-Plattformen.

Immer mehr Headhunter nutzen vor allem Xing für ihre Suche nach neuen Kandidaten. Das geht inzwischen so weit, dass manche Unternehmen ihren Mitarbeitern sogar verbieten, sich beispielsweise auf Xing mit einem ausführlichen Profil vorzustellen, um zu verhindern, dass Headhunter einen allzu leichten Zugang zu hoch qualifizierten Fach- und Führungskräften haben. Rechtlich ist dieser Bereich noch eine Grauzone, weil es kaum Präzedenzfälle gibt.

! Natürlich wird man als Angestellter umso häufiger von Headhuntern entdeckt, je präziser und ausführlicher das eigene Profil ist. Wenn Sie also nicht von Headhuntern angesprochen werden möchten, sollten Sie Ihr Profil entsprechend abspecken oder Ihre Kontaktdaten nicht freigeben.

Neun Tipps für die Jobsuche

Was bei einer erfolgreichen Jobsuche und nachfolgenden Bewerbung im Netz alles zu beachten ist, hat Ulrich Klein für die Business-Community LinkedIn in neun Tipps zusammengestellt. Als wichtigste Voraussetzung nennt der Autor ein vollständig ausgefülltes Profil sowie mindestens 20 sinnvolle und zielführende Kontakte. Diese Tipps gelten natürlich sinngemäß auch für die anderen großen Businessnetzwerke wie Xing, allerdings sind dort nicht alle beschriebenen Funktionen verfügbar.

So sehen die neun Karrieretipps aus:

1. Lassen Sie sich von Kollegen empfehlen

Wenn Sie sich von Kollegen oder Geschäftspartnern für eine offene Stelle empfehlen lassen, hat dies den unschätzbaren Vorteil, dass Sie bereits über einen „warmen Kontakt" (s. S. 83) einsteigen und damit beim zuständigen Personalreferenten sofort auffallen. Sie sind dort also bereits bekannt, Ihre Unterlagen werden auf jeden Fall gelesen. Wenn Sie es schaffen, von einer Führungskraft empfohlen zu werden, erhalten Sie noch mehr Aufmerksamkeit. Bitten Sie die entsprechende Person einfach darum. LinkedIn oder Xing beinhalten zudem die Möglichkeit, dass Sie Ihre eigenen Kontakte mit einer kurzen Nachricht an andere Personen weiterempfehlen können.

2. Nutzen Sie die Suchfunktionen, um Menschen mit ähnlichen Qualifikationen aufzuspüren

Über die Postleitzahlensuche bei LinkedIn bzw. die Suche Ihrer Zielstadt bei Xing, kombiniert mit einer Stichwortsuche, können Sie Menschen im gewünschten Ort aufspüren, die ähnliche Qualifikationen wie Sie aufweisen. Im Profil der entsprechenden Person sehen Sie, bei welchem Unternehmen sie arbeitet, und erhalten nach entsprechenden Recherchen ein Gefühl dafür, bei welchen Unternehmen sich eine Bewerbung für Sie überhaupt lohnt.

3. Finden Sie heraus, was die Angestellten eines bestimmten Unternehmens vorher gemacht haben

Recherchieren Sie, wo Angestellte Ihres Wunschunternehmens vorher gearbeitet haben. Dadurch können Sie erfahren, auf welche Kriterien ein Unternehmen bei Neuanstellungen besonderen Wert legt. LinkedIn bietet hierfür eine erweiterte Unternehmenssuche. Auf den recherchierten Unternehmensprofilen können Sie den Werdegang der Angestellten nachverfolgen, bevor diese ihre Arbeit bei ihrem derzeitigen Arbeitgeber aufgenommen haben.

4. Recherchieren Sie auf den Unternehmensprofilen

Eine Besonderheit auf LinkedIn sind die Unternehmensprofile. Diese geben darüber Auskunft, bei welchen Arbeitgebern die Angestellten arbeiten, nachdem sie das Unternehmen verlassen haben. Diese Informationen können Arbeitsuchende nutzen, um weitere potenzielle Arbeitgeber zu erschließen. Diese Unternehmensprofile gibt es auch auf Xing.

5. Stellt das Unternehmen derzeit überhaupt Mitarbeiter ein?

Unter der Rubrik „Neue Mitarbeiter“ zeigen Ihnen die Unternehmensprofile auf LinkedIn Personen, die erst kürzlich eingestellt wurden. Mit diesen neuen Angestellten können Sie Kontakt aufnehmen und nach wertvollen Tipps fragen. Dazu können Sie deren gesamten Werdegang einsehen und herausfinden, was sie für den Arbeitgeber so attraktiv gemacht hat.

6. Kontaktieren Sie die Personalentscheider direkt

Jobbörsen auf Online-Businessnetzwerken bieten Ihnen völlig neue Kontaktmöglichkeiten. Achten Sie bei den Kontaktpersonen, die bei den ausgeschriebenen Stellen genannt werden, besonders auf diejenigen Kontakte, die nicht mehr als zwei Beziehungen von Ihnen entfernt sind. Das bedeutet, dass Sie mit Ihrer Zielperson einen gemeinsamen Bekannten haben. Diesen gemeinsamen Bekannten können Sie nun anschreiben und bitten, dass er Sie bei Ihrer Zielperson vorstellt.

Natürlich funktioniert das nur, wenn Sie und Ihr Bekannter in Ihrem privaten Netzwerk nur Menschen haben, die Sie jeweils persönlich kennen. Dies verdeutlicht, wie wichtig qualitativ hochwertige Kontakte gegenüber den quantitativen Massenkontakten in den Social Networks sind.

Auf LinkedIn finden Sie weitere Unternehmen, zu denen Sie Kontakte haben, zusätzlich unter „Unternehmen in Ihrem Netzwerk" auf Ihrem LinkedIn-Stellenmarkt. Bei Xing haben Sie leider nicht die Möglichkeit, in den Kontakten Ihrer Kontakte mit Stichwörtern zu suchen.

7. Finden Sie heraus, wer auf der ausgeschriebenen Stelle wirklich gesucht wird

Stellenanzeigen sagen nicht immer alles darüber aus, welche Qualifikationen der Personalverantwortliche für eine bestimmte Stelle tatsächlich sucht. Versuchen Sie daher über Ihre Kontakte innerhalb des entsprechenden Unternehmens einen Eindruck zu erhalten, was wirklich für diesen Job zählt. Auf LinkedIn können Sie mithilfe der Unternehmenssuche herausfinden, welche Beziehungen Sie innerhalb Ihres Netzwerks zu dem Unternehmen besitzen. Über Xing funktioniert dies ähnlich über eine einfache Stichwortsuche. Fehlen Ihnen diese Kontakte, dann sehen Sie sich die Profile derjenigen an, die in diesem Unternehmen arbeiten, und schließen Sie daraus, welche Qualifikationen besonders gefragt sind.

8. Steigen Sie bei Start-ups ein

Wenn Sie bei großen Unternehmen keinen Erfolg haben, ist es möglicherweise an der Zeit, es mit einem Start-up zu probieren. Netzwerke wie LinkedIn erlauben eine erweiterte Suche, bei der Sie „Start-up" als Stichwort eingeben können. Sie können die Suche im Weiteren auf bestimmte Branchen und Standorte einschränken. Mitarbeiter von Start-ups sind bei den Social Networks in der Regel häufiger vertreten und aktiver als Mitarbeiter großer und etablierter Unternehmen.

9. Bauen Sie Ihr Netzwerk rechtzeitig auf

Ein starkes Netzwerk stellt immer eine gute Basis für die Sicherheit Ihres Jobs dar. Warten Sie mit dem Aufbau Ihres Netzwerks deshalb nicht, bis die Zeiten sich zum Schlechten wenden. Sie sind zudem kein erfolgreicher Netzwerker, wenn Sie viele Menschen kennen, sondern eher, wenn Sie von vielen Menschen gekannt werden. Das bedeutet auch, dass Sie sich gezielt Kontakte in Unternehmen und Branchen aufbauen können, die für Sie relevant sind.

Daher zählt Netzwerkpflege heute auch in einer gesicherten beruflichen Position zu den Maßnahmen einer vorausschauenden Karriereplanung. Sobald Sie merken, dass in Ihrem Unternehmen Veränderungen anstehen, denen Sie zum Opfer fallen könnten, sollten Sie sofort beginnen, sich um Ihr Netzwerk zu kümmern.

Jobangebote auf Xing

Bei Xing gibt es einen Stellenmarkt unter der Rubrik „Jobs, die zu Ihnen passen könnten". Dahinter verbergen sich vollständige Stellenanzeigen. Xing sucht in Ihren Stichworten und präsentiert Ihnen alle diejenigen Anzeigen, bei denen eine Übereinstimmung in den Stichworten besteht. Diese Stellenanzeigen sind mit einer Kontaktperson verbunden, die Sie direkt ansprechen können.

> Damit Sie auch passende Anzeigen bekommen, sollten die Stichwörter in Ihrem Profil mit Ihren aktuellen Bedürfnissen übereinstimmen. Daher empfehlen wir, Ihr Profil regelmäßig zu aktualisieren. **!**

Karrierekiller Social Network?

> *Michael und seine Traumkarriere*
>
> *Stellen Sie sich vor, Sie wären Personalverantwortlicher einer deutschen Bank und suchten einen Studienabgänger für eine wichtige Position. Auf Ihren Tisch liegen einige ordentliche Bewerbungen. Sie interessieren sich besonders für Michael und recherchieren nun Fakten über ihn im Internet nach. Bei studiVZ werden Sie schnell fündig:*

Michael studiert Betriebswirtschaft, bezeichnet sich selbst als links, sein Lieblingsspruch beinhaltet zweimal das Wort „rumhängen“ und bei seinem Profilfoto hat man das Gefühl, als würde er dem Betrachter einen Vogel zeigen. Natürlich wollen Sie weitere Bilder sehen. Michael selbst hat keine Fotos bei studiVZ eingestellt, doch ist das kein Problem – er ist auf 15 weiteren Fotos durch andere Leute verlinkt worden. Auf den Aufnahmen wird schnell klar, dass Michael dem Alkohol nicht abgeneigt ist und offensichtlich keine Hemmungen hat, Frauen sehr nahe zu treten.

Würden Sie Michael nach diesen Eindrücken einstellen, besonders in einer Branche, in der Seriosität, gutes Auftreten und eine wertkonservative Einstellung Grundvoraussetzung sind? Wahrscheinlich nicht. Natürlich dürfen Sie im Vorstellungsgespräch nicht nach der politischen Meinung oder nach dem täglichen Alkoholkonsum fragen. Sie brauchen es auch gar nicht, weil Sie die Antwort bereits kennen. Sie werden Michael auch keine Gelegenheit geben, sich dazu zu äußern. Sie laden ihn nämlich gar nicht erst ein. Und Michaels Hoffnungen auf eine Traumkarriere haben sich erst einmal zerschlagen.

Natürlich ist dieser Fall fiktiv. Nicht fiktiv hingegen sind Profile wie das geschilderte in den verschiedenen Netzwerken. Partybilder, ordinäre Sprüche oder nicht mehrheitsfähige politische oder religiöse Meinungen sind in den gängigen Communitys keinesfalls selten. Dies betrifft natürlich in erste Linie Social Networks wie studiVZ oder Facebook, die vorzugsweise von Studenten und Absolventen genutzt werden. Doch findet man auch auf Xing Profile, die eher abschreckend als einladend wirken.

Wir empfehlen für Bewerbungs- und Profilfotos ein Fotoshooting bei einem professionellen Fotografen. Bringen Sie zwei oder drei Outfits mit und machen Sie neben statischen Fotos auch ein paar Bilder, bei denen Sie in Bewegung sind. Versuchen Sie, einen Fotografen zu finden, der Ihnen alle geschossenen Fotos mitgibt und nicht für jedes einzelne viel Geld verlangt. Achten Sie auch darauf, dass der Fotograf die Rechte an den Bildern vollständig an Sie abtritt.

Überprüfen Sie also Ihren Webauftritt, egal wo er sich befindet, und bereinigen Sie diesen. Stellen Sie nur Informationen von sich ins Netz, die Ihre Zielgruppe auch lesen soll. Wenn Ihre Zielgruppe vor allem aus Personalchefs besteht, weil Sie sich gerade bewerben möchten, dann sollten Ihre Profile auf studiVZ, Facebook oder Xing mit Ihrer Bewerbung und Ihrem gewünschten Image übereinstimmen. Das Internet hat ein Elefantengedächtnis und vergisst nichts, was im Zusammenhang mit Ihrem Namen einmal gespeichert ist. Und es spuckt diese Information bereits nach sehr kurzer Zeit und oberflächlicher Recherche aus.

Achten Sie vor allem auf Fotos. „Ein Bild sagt mehr als tausend Worte" ist nur zu wahr, leider auch im negativen Sinn. Wir haben uns zum Beispiel angewöhnt, bei Kontaktanfragen unbekannter Menschen diejenigen sofort abzuweisen, die auf dem Foto unsympathisch wirken. Denn was wollen wir mit Menschen in unserem Kontaktnetzwerk, die wir schon nach dem Foto nicht mögen? Außerdem glauben wir, dass fast jeder Mensch auch gute Fotos von sich machen lassen kann.

Auf den Punkt gebracht

- Viele Social Networks sind ursprünglich für Abgänger von Universitäten entwickelt worden und richten sich primär an Angestellte und weniger an Freiberufler und Selbstständige.
- Viele gute Jobs werden intern und ohne Bewerbungsverfahren vergeben. Um hier eine Chance zu erhalten, muss man zur richtigen Zeit am richtigen Ort sein.
- Beginnen Sie früh damit, berufliche Kontakte zu sammeln und zu verwalten. Wichtige Kontakte sind interessante Menschen aus Ihrem Unternehmen, Zulieferer und Geschäftspartner, aber auch Mitbewerber.
- Pflegen Sie berufliche Kontakte, indem Sie sich immer wieder persönlich in Erinnerung rufen.
- Messen und Kongresse sind gute Plätze, um Kontakte zu erhalten und zu pflegen.
- In vielen Social Networks gibt es inzwischen Jobbörsen. Auch Headhunter bedienen sich hier, besonders aber auf Xing.
- Wenn Sie einen Job über Social Networks suchen, haben Sie viele Möglichkeiten, Ihr Wunschunternehmen und Menschen, die ähnliche Qualifikationen wie Sie haben, zu recherchieren. Darauf können Sie dann Ihre Bewerbung abstimmen.
- Stimmen Sie Ihr Profil mit Ihrer Bewerbung ab und vermeiden Sie dort negative Inhalte. Personalchefs recherchieren Bewerber vermehrt auch im Internet.

Netzwerken in der realen Welt

Wir haben Ihnen eingangs versprochen, nicht nur Netzwerken im Internet zu behandeln, sondern Ihnen auch zu zeigen, wie Sie ebenso erfolgreich im richtigen Leben Kontakte finden und Netzwerke aufbauen können. Wir möchten sogar noch einen Schritt weiter gehen und behaupten, dass Netzwerken vor allem für das reale Leben gemacht ist und die online-basierten Social Networks nur eine Hilfe dazu sind. Natürlich sind sie inzwischen eine sehr große Hilfe geworden, denn damit ist es leicht, Menschen weltweit zu finden und deren Profile und Interessen zu recherchieren.

Aber meist wollen Sie ja ganz praktisch etwas erreichen: Im Freizeitbereich suchen Sie Freunde, Menschen, mit denen Sie etwas gemeinsam unternehmen können, oder gar einen Beziehungspartner. Geschäftlich suchen Sie Kunden, Kooperationspartner oder einen neuen Job. All das machen Sie letztendlich ohne Internet, es sei denn, Sie betreiben ein E-Business oder verbringen Ihre Freizeit ausschließlich vor dem Rechner.

Im nachfolgenden Abschnitt schildern wir, wie Sie Schritt für Schritt Ihr persönliches Netzwerk aufbauen, pflegen und davon profitieren. Natürlich weisen wir auf die Verknüpfungsmöglichkeiten der Social Networks hin und gehen dabei vor allem auch wieder auf Xing ein, weil Xing in diesem Bereich im deutschsprachigen Raum einfach die besten Möglichkeiten bietet und hier eindeutig eine seiner Stärken besitzt.

Kontakte aufbauen

Wenn Sie sich darüber klar geworden sind, welche Ziele Sie mit dem Aufbau Ihres persönlichen Netzwerks verfolgen, können Sie starten. Sie können gezielt Menschen kennenlernen und in Ihr Netzwerk integrieren. Menschen treffen Sie natürlich überall. Daher sollten Sie selektiv vorgehen und sich gut überlegen, wen Sie in Ihr Netzwerk aufnehmen.

Für die Netzwerkbildung können Sie dabei zwei Gruppen von Kontakten unterscheiden:

- Bereits vorhandene Kontakte: Hierzu zählen alle Kontakte, die Sie bereits haben: Verwandte, Freunde, Kollegen, Vereinskameraden, Zufallsbekanntschaften, alte Schulfreunde und viele mehr.
- Gezielte Kontakte: Hierzu zählen alle Kontakte, die Sie sich mit Blick auf Ihr Ziel neu erschließen: Im Fall der oben erwähnten Jurastudentin (s. S. 10) sind das die Patentanwälte, die sie vielleicht in der Kantine des Patentamts kennenlernt. Es sind Menschen, die Sie auf Netzwerkveranstaltungen treffen, beim Stammtisch einer bestimmten Branche, im Internet – zum Beispiel bei Xing – oder auf einer Messe …

Bestehende Kontakte nutzen

Sie haben bereits unzählige Kontakte. Viele davon haben Sie wahrscheinlich nur vergessen. Wie viele Mitschüler waren in Ihrer Abschlussklasse? Mit wie vielen Menschen haben Sie Ihre Ausbildung zusammen gemacht? Wie groß ist Ihr Verwandtenkreis? Ohne viel Mühe dürften Sie jetzt schon mindestens fünfzig bis hundert Namen zusammenbekommen.

Schreiben Sie alle diese Namen auf eine Liste oder recherchieren Sie dazu. Das Internet ist in dieser Beziehung enorm hilfreich, weil immer mehr Websites zum Beispiel ehemalige Schüler oder Auszubildende noch nach Jahren zusammenführen. Mit StayFriends können Sie zum Beispiel Mitschüler ganz leicht finden.

Prüfen Sie Ihre Kontakte auf ihren aktuellen Nutzen. Was wissen Sie über die Menschen auf Ihrer Liste – was machen sie beruflich, wo sind sie engagiert, welche Interessen haben sie? Warum nehmen Sie nicht zu alten Schulfreunden wieder Kontakt auf und nutzen Ihr nächstes Klassentreffen auch dazu, ein paar wichtige Geschäftskontakte zu gewinnen? Oder warum laden Sie die beste Freundin Ihrer Ehefrau und deren Lebenspartner nicht abends einfach zum Essen ein, um sich besser kennenzulernen, wenn Sie wissen, dass der Ehemann Inhaber einer großen Werbeagentur ist und Sie Jobs als Freelancer im Grafikbereich suchen?

Wie Sie solche Gelegenheiten nutzen, verraten wir Ihnen weiter hinten (s. S. 103 ff.). Natürlich sollten Sie nicht mit der Tür ins Haus fallen und Ihre Kontakte dadurch verprellen. Es geht auch anders. An dieser Stelle ist für Sie jedoch erst einmal wichtig herauszufinden, wer zu Ihrem Kontaktnetzwerk gehört und wer davon Ihnen vielleicht nützlich sein kann.

Auch im beruflichen Bereich haben Sie meist viel mehr Kontakte, als Sie auf den ersten Blick sehen. Im Marketing spricht man dabei von den „warmen Kontakten". Das sind zum Beispiel Kunden, denen Sie oder Ihr Unternehmen schon einmal etwas verkauft haben. Viele Unternehmen vergessen seltsamerweise oft, sich um die warmen Kontakte zu kümmern und diese zu pflegen. Sie betreiben einen großen Aufwand, um neue Kunden zu gewinnen – im Marketingdeutsch heißen sie „kalte Kontakte" –, obwohl sie ihren warmen Kontakten oder Bestandskunden viel leichter etwas verkaufen könnten.

Daher sollten Sie bei der Netzwerkbildung bei Ihren warmen Kontakten beginnen. Sie sind Ihr Kapital. Erst wenn Sie dieses ausgeschöpft haben, sollten Sie Ihre Energie darauf lenken, neue Kontakte zu gewinnen.

Wenn Sie Ihre warmen Kontakte nutzen, haben Sie einen großen Vorteil: Sie befinden sich zusammen mit diesen bereits in einer Innengruppe und müssen nicht erst aufwendig Ihre Vertrauenswürdigkeit unter Beweis stellen.

Hier stellen wir Ihnen Gruppen vor, in denen Sie mögliche Netzwerkpartner finden:

- Familie und Verwandte
- Aktuelle Freunde
- Schulfreunde
- Kontakte aus der Ausbildung (Studium, Lehre, Praktika etc.)
- Vereinskollegen
- Freunde des Lebenspartners oder naher Verwandter
- Nachbarn
- Urlaubsbekanntschaften

Wir empfehlen Ihnen: Aktivieren Sie diese Kontakte wieder. Klopfen Sie sie ab auf ihren Nutzen: Wer arbeitet in einem interessanten Unternehmen? Wer bietet interessante Informationen? Wer käme als Kunde für Sie infrage? Wer könnte seinerseits Unterstützung von Ihnen gebrauchen?

Arbeiten Sie in der ersten Phase Ihres Netzwerkaufbaus diesen Grundstock an Kontakten ab. Sie werden sehen: Damit lässt sich schon einiges erreichen.

Mit sieben Schritten zum Ziel

Forscher haben herausgefunden, dass jeder Mensch mit jedem anderen Menschen über maximal sieben Personen vernetzt ist. Wenn Sie das nicht glauben, dann besuchen Sie ein Social Network im Internet. Wenn Sie zum Beispiel 150 eigene Kontakte haben, also mit 150 Menschen direkt vernetzt sind, haben Ihre Partner zusammen bereits 47.000 Kontakte, also weitere Menschen, mit denen Sie selbst über zwei Ecken vernetzt sind. Zählen Sie jetzt noch alle Kontakte Ihrer Netzwerkpartner zweiten Grades zusammen, so stellen Sie fest, dass diese bereits 1,5 Millionen Menschen umfassen. Mit diesen Menschen sind Sie über drei Ecken verbunden. Das könnte sogar noch als fast warmer Kontakt gewertet werden.

Im Klartext bedeutet dies: Würden Sie Ihre direkten Xing-Kontakte bitten, Ihr Anliegen an deren Kontakte weiterzugeben und dort ebenfalls um Weitergabe zu bitten, so erreicht Ihr Anliegen theoretisch 1,5 Millionen Menschen in vielleicht einem Tag. Wenn Sie zum Beispiel einen Nachmieter für Ihr Ladengeschäft suchen, haben Sie über Xing die reale Chance, dass ab morgen Ihr Telefon heiß läuft und Sie sich vor Angeboten kaum noch retten können.

Neue Kontakte aufbauen

Wenn Sie Ihre warmen Kontakte ausgeschöpft haben, geht es an den Aufbau neuer Kontakte. Dies erfolgt zweckmäßigerweise in drei Schritten:

1. Besuchen Sie Orte und Veranstaltungen, an denen Sie Ihr Zielpublikum treffen.
2. Sprechen Sie dort Menschen gezielt an und finden Sie heraus, ob es sich lohnt, zu diesen Menschen einen langfristigen Kontakt aufzubauen.
3. Verwalten und pflegen Sie Ihre Kontakte, bis sich die Gelegenheit ergibt, daraus einen Nutzen zu ziehen.

Neue Kontakte finden

Es gibt eine unendliche Fülle von Möglichkeiten, neue Kontakte zu finden. Wir beschränken uns hier auf Kontaktmöglichkeiten für berufliche Zwecke. Die Aufzählung, die Sie nachfolgend finden, soll vor allem Ihre Fantasie anregen und Ihnen Tipps geben, wo Sie Ihre nächsten freien Nachmittage oder Abende verbringen können.

- **Fachmessen und andere Fach-Events:** Solche Ereignisse sind immer dann zu empfehlen, wenn Sie Kontakte aus einer bestimmten Branche suchen. Messen bieten ein hervorragendes Podium für neue Kontakte, weil viele Aussteller und Besucher gesprächsbereit sind und sich oft gerne Zeit für Ihr Anliegen nehmen.
- **Netzwerktreffen aller Art:** In vielen Städten werden Netzwerktreffen angeboten, die sich zum Beispiel „Unternehmerstammtisch" oder ähnlich nennen. Diese Tref-

fen sind meist ein hervorragender Einstieg, um Unternehmer oder Selbstständige aus der eigenen Region kennenzulernen.

- **Visitenkartenpartys:** Das sind Netzwerktreffen, deren Ziel es ist, möglichst viele Menschen in kurzer Zeit miteinander zu vernetzen. Zunächst gibt es eine kurze Vorstellungsrunde und anschließend Kurzgespräche, die maximal fünf Minuten dauern. Näheres dazu finden Sie unter www.visitenkartenparty.biz.
- **Institutionalisierte Netzwerktreffen:** Diese gleichen den „Unternehmerstammtischen", sind aber häufig an Mitgliedschaften gebunden, straff strukturiert oder bieten nur jeweils einem Vertreter einer Branche Zutritt. Zudem werden oft Gebühren verlangt.
- **Exklusive Klubs** oder hochwertige Unternehmertreffen: Beispiele hierfür sind Lions Club, Rotarier und andere. Diese Klubs sind meist eine hervorragende Plattform, um hochwertige geschäftliche Kontakte zu knüpfen und gute Geschäfte abzuschließen. Der Zugang ist jedoch oft begrenzt. Man wird nur durch Empfehlung Mitglied, zudem sorgen hohe Aufnahmegebühren und Mitgliedsbeiträge für eine Auswahl unter den Mitgliedern.
- **Vernissagen, Agentureröffnungen oder Premieren:** Wer die richtigen Leute kennt, erhält schnell Einladungen zu diversen Events, bei denen sich das gesellschaftliche Leben seiner Heimatstadt abspielt. Manchmal kann man sich auch einfach auf die Gästeliste setzen lassen, wenn man weiß, wen man anrufen muss. Besucht man regelmäßig solche Events, lernt man wichtige Menschen

kennen, die einen auf die nächste Veranstaltung weiterreichen und wertvolle Kontakte vermitteln können.

- **Tage der offenen Tür** sind eine hervorragende Gelegenheit, ein Unternehmen von innen zu sehen. Einen unserer ersten wichtigen Aufträge als Trainer erhielten wir beim Tag der offenen Tür in einem Krankenhaus. Dort plauderten wir in lockerer Atmosphäre mit einem Glas Sekt in der Hand mit dem Personalchef – kurze Zeit später wurden wir gebucht.

Einstieg in die Segelbranche

Vor Jahren planten wir ein Weiterbildungsprojekt, zu dem wir Kontakte in die Segelbranche suchten, vor allem zu Segelanbietern in der Karibik – als Landratte keine leichte Aufgabe. Ein Projektpartner empfahl uns den Besuch der Bootsmesse in Friedrichshafen. Es war überwältigend. Zu Messebeginn hatten wir einen einzigen Ansprechpartner. Nach einem Tag kurzweiligen Messebesuchs hatten wir einen dicken Stapel Visitenkarten, kannten die wichtigen Leute für unser Projekt, hatten Telefonnummern für alle möglichen Anfragen, wurden vom Honorarkonsul eines Karibikstaats persönlich eingeladen, sprachen mit der Schönheitskönigin von Barbados, kannten Eddy, der alle anderen kannte, und hatten einen ersten sehr guten Überblick über das Chartergeschäft.

- **Parteien** sind sicher nicht jedermanns Sache. Doch wenn Sie sich gerne gesellschaftlich engagieren und Mitglied in einer Partei werden wollen, stehen Ihnen hier Kontakte aller Art offen. Parteien gehören zu den wichtigsten Innengruppen unserer Gesellschaft.

- **Vereine:** Sollten Sie sich in einer kleinen Gemeinde selbstständig machen wollen, führt der schnellste Weg zum Erfolg meist über die Mitgliedschaft im örtlichen Schützenverein oder der freiwilligen Feuerwehr. Wo Ihre soziale Integration in den Ort sonst Jahre dauern würde, lernen Sie auf diesen Weg alle wichtigen Leute innerhalb von Wochen kennen.

In einem eigenen Kapitel (s. S. 115 ff.) gehen wir ausführlicher auf Netzwerktreffen ein, die mehr oder weniger feststehend in vielen deutschen Städten veranstaltet werden.

Netzwerktreffen über Xing finden

Xing bietet hervorragende Möglichkeiten, in Ihrer Stadt oder Region mit anderen Selbstständigen oder Unternehmern in Kontakt zu kommen. Der übliche Weg führt dabei über die Xing-Gruppen. Inzwischen gibt es in fast allen großen Städten oder Regionen Deutschlands, Österreichs und der Schweiz Gruppen, deren einziger Zweck es ist, Menschen in der jeweiligen Stadt beruflich und privat zu vernetzen.

Stellen Sie sich vor, dass Sie frisch in eine neue Stadt gezogen sind und dort geschäftlichen oder privaten Anschluss suchen. So gehen Sie vor:

- Sie gehen im Hauptmenü von Xing auf *Gruppen – Gruppen finden*.
- Dann geben Sie im Suchmenü den Namen Ihrer Stadt ein.

- Im Ergebnismenü sehen Sie alle Gruppen, die mit dem Namen Ihrer Stadt verbunden sind. Anhand der Mitgliederzahlen können Sie ersehen, welche Gruppen aktiv sind.
- Klicken Sie auf die Gruppe Ihrer Wahl. Sie finden eine Beschreibung. Wenn zum Beispiel der folgende Text erscheint: „der etwas andere Stammtisch – mit bereits mehr als 2.300 interessanten Menschen aus sämtlichen Branchen – Anwälte, Ärzte, Banking, Dienstleister, sämtliche IT-Zugehörigkeiten, Kunst & Kultur, Marketing, Medien, Öffentlicher Dienst, Politik, Verkauf, Werbung..." (entnommen aus der Xing-Gruppe „Stammtisch in Wien"), dann sind Sie richtig.
- Melden Sie sich in der Gruppe an. Meist müssen Sie sich freischalten lassen, aber das dauert in der Regel nicht lange. Sobald Sie Mitglied sind, können Sie loslegen. Sie erfahren, was wo los ist, lernen Menschen kennen, können mitdiskutieren. Einfacher geht es kaum.

Hier finden Sie Kontakte

Hier folgen einige wichtige Gruppen im deutschsprachigen Raum (alle Mitgliederzahlen Stand Juni 2011):

- ***Berlin:** „Berliner Köpfe" mit 47.700 Mitgliedern oder „BERLIN sport & culture community" mit 8.250 Mitgliedern*
- ***München:** „Xing Community München" mit 73.000 Mitgliedern*
- ***Hamburg:** „Xing Live Hamburg" mit 73.100 Mitgliedern*
- ***Köln:** „Xing Regionalgruppe Köln" mit 53.500 Mitgliedern*

- ***Wien:** „Xing : Wien" mit 26.700 Mitgliedern oder der „Stammtisch in Wien" mit 3.600 Mitgliedern*
- ***Zürich:** „Xing Zürich" mit 26.100 Mitgliedern*
- ***Ostfriesland:** „Ostfriesland Network" mit 1.600 Mitgliedern*

Sie finden in den genannten Städten unzählige weitere Möglichkeiten, sich über Xing zu vernetzen. Wie das ausgewählte regionale Beispiel aus Norddeutschland zeigt, kann man mit Xing sogar fernab der großen Zentren hervorragend netzwerken.

In der Regel bieten diese Gruppen zahlreiche regionale Veranstaltungen an, die man besuchen und auf denen man Menschen kennenlernen kann. Die Spanne solcher Veranstaltungen reicht von businessorientierten Netzwerk- über Freizeitveranstaltungen bis hin zu kulturellen Events. Als Gruppenmitglied bekommt man die Einladungen zugesandt, kann sich anmelden und am Event teilnehmen. Gleichzeitig hat man die Möglichkeit, schon mal in die Gästeliste zu klicken und sich eventuell gleich mit bestimmten Menschen zu verabreden.

Kontakte treffen und pflegen

Nun wissen Sie, wie Sie über Xing in Ihrer Stadt Gelegenheiten finden, sich mit anderen Menschen zu treffen und auszutauschen. Jetzt beginnt das wirkliche Leben: Sie verlassen die geschützte Zone Ihres Arbeitsplatzes sowie Ihren Rechner und gehen hinaus in die große, weite Welt. Dort treffen Sie echte Menschen. Vielleicht sind es Menschen, die Sie durch das Internet bereits kennen, vielleicht werden Sie aber auch mit völlig fremden Leuten konfrontiert.

Was tun Sie jetzt? Wie verhalten Sie sich richtig, um auch persönlich und im direkten Umgang mit Menschen schnell erfolgreiche Kontakte zu finden?

Kontakte herstellen

Nehmen wir einmal an, dass Sie sich auf einer beruflichen Netzwerkveranstaltung befinden und die Möglichkeit haben, in den nächsten zwei Stunden mit 50 Menschen ins Gespräch zu kommen. Hier empfehlen wir Ihnen folgende Vorgehensweise:

- Sprechen Sie ungeniert fremde Menschen an, die Ihnen interessant erscheinen. Steigen Sie mit einem unverbindlichen Thema ein und lenken Sie das Gespräch sehr schnell auf Ihr Ziel. Erkunden Sie, was Ihr Gegenüber macht und ob es Ihnen nützlich sein kann. Stellen Sie gezielte Fragen und finden Sie heraus, was Sie wissen müssen. So erreichen Sie Ihr Ziel am schnellsten.
- Wenn Sie merken, dass Ihr Partner uninteressant für Sie ist, dann beenden Sie das Gespräch. Suchen Sie einen Ausstieg, der nicht zu abrupt erscheint. Bedenken Sie jedoch, dass Ihnen ein langweiliges Gespräch nichts bringt, und seien Sie hier sehr zielorientiert. Gehen Sie auf den nächsten Gesprächspartner zu.
- Stellen Sie fest, dass Ihr Gesprächspartner interessant für Sie ist, dann lenken Sie das Gespräch auf Ihr Anliegen und finden Sie heraus, ob ein weiterer Kontakt für Sie lohnenswert ist. Erkundigen Sie sich beispielsweise bei

Ihrem Gesprächspartner, ob er Ihnen bei bestimmten Fragen oder Kontakten weiterhelfen kann oder ob vielleicht eine Kooperation möglich ist. Lassen Sie sich eine Visitenkarte geben und vereinbaren Sie, in den nächsten Tagen zu telefonieren.

Nach unserer Erfahrung ist es selten sinnvoll, beim Erstkontakt gleich in die Tiefe zu gehen. Hier sollten Sie nur die Möglichkeiten erkunden, die sich mit Ihrem Gesprächspartner ergeben können, Interesse beim Gegenüber wecken und sich die Kontaktdaten geben lassen. Zudem sollten Sie Ihre Zeit besser dafür nutzen, mit vielen Menschen ins Gespräch zu kommen. Mit allen 50 oder 100 Teilnehmern der Veranstaltung werden Sie in zwei Stunden kaum ins Gespräch kommen, aber acht bis zehn gute Gespräche sind durchaus zu schaffen. Dabei können Sie jedoch keine vertiefenden Informationen austauschen.

Vermerken Sie auf der Visitenkarte Ihres Gesprächspartners am besten gleich nach dem Gespräch, worum es ging oder welche nachfolgenden Schritte Sie vereinbart haben. Das vergessen Sie sonst sehr schnell. Schreiben Sie aber so, dass es Ihr Kontakt nicht bemerkt, weil es manche Menschen als unangenehm empfinden, wenn auf ihre Karten geschrieben wird.

Small-Talk-Regeln kurz gefasst

Warum brauchen wir Small Talk überhaupt und was ist das Besondere daran? Small Talk ist eine Kunst. Wir nutzen sie jeden Tag, doch viele beherrschen sie nur unzureichend oder gar nicht.

Small Talk erfüllt viele Funktionen. Zuerst einmal ist es ein „Eisbrecher“, mit dem man eine Beziehung zu einem Gesprächspartner zu Beginn des Gesprächs auflockern und aufbauen kann. Small Talk ist dafür da, miteinander „warm zu werden“. Small Talk kann auch ganz einfach dazu dienen, einen unbekannten Menschen anzusprechen – und das müssen Sie natürlich können, wenn Sie ein erfolgreicher Netzwerker werden möchten.

Zweitens dient Small Talk dazu, den Gesprächspartner einzuschätzen, um entscheiden zu können, ob man mit ihm weiter in Kontakt bleiben will. Dieser Prozess läuft sowohl bewusst als auch unbewusst ab. Dies ist eine wichtige Funktion, weil wir nur mit Menschen erfolgreich kooperieren können, die wir auch mögen. Zwar entscheiden wir meist schon nach dem ersten Eindruck innerhalb der ersten Sekunden, wie wir zu einer unbekannten Person stehen, aber auch im nachfolgenden Small Talk sammeln wir unbewusst Informationen für die spätere Bewertung.

Drittens ist Small Talk ein Mittel, um ein Gespräch in Gang zu bringen und Informationen vom Gegenüber zu erhalten oder auch eigene Informationen und Botschaften zu senden.

Welche Faktoren zeichnen erfolgreichen Small Talk aus?

- Hören Sie zu und reden Sie selbst nicht zu viel. Die meisten Menschen reden lieber, als dass sie zuhören – und das wirkt oft abschreckend.
- Signalisieren Sie durch Ihre Körpersprache, dass Sie am Gegenüber auch wirklich interessiert sind. Wenden Sie

sich dem anderen zu, öffnen Sie Ihre Körperhaltung, vermeiden Sie verschränkte Arme und lächeln Sie.

- Halten Sie Blickkontakt. Der Blick ist das wichtigste Kontaktmedium zwischen zwei Menschen. Achten Sie jedoch darauf, dass Sie den anderen nicht anstarren.
- Praktizieren Sie „aktives Zuhören". Fragen Sie nach und denken Sie mit. Nur so vermitteln Sie echtes Interesse.
- Achten Sie auf den Mindestabstand zum Gegenüber. Sie sollten etwa eine Armlänge vom Gesprächspartner entfernt stehen.

> Weitere Tipps zum Thema Small Talk finden Sie im Beck-kompakt-Buch „Small Talk – Reden Sie sich zum Erfolg!" von Caroline Krüll.

Kontakte verwalten

Was machen Sie mit Ihren Kontakten, Visitenkärtchen und Flyern, wenn Sie zu Hause angekommen sind? Bei vielen Menschen landen sie in einer großen Kiste, und das war es dann. Wenn Sie das machen, hätten Sie sich den ganzen Aufwand mit der Suche nach einer passenden Netzwerkveranstaltung und dem Besuch derselben auch sparen können.

Nach der Veranstaltung beginnt nämlich der Teil des Netzwerkens, der den Netzwerkprofi ausmacht: das Verwalten, Ordnen und Pflegen Ihrer Kontakte. Wir empfehlen, am Folgetag oder möglichst recht bald nach der Veranstaltung

Ihre Kärtchen und Notizen durchzugehen. Legen Sie am besten drei Rubriken an:

1. Ablage Papierkorb: Werfen Sie alle Flyer und Visitenkärtchen, die Sie nach Ihrer aktuellen Einschätzung nie mehr brauchen werden, gleich weg. Wir wollen hier keiner Berufsgruppe zu nahe treten, aber Sie müssen keine zehn Makler oder Berater kennen. Ein einziger guter Versicherungsberater, zu dem Sie Vertrauen haben, reicht meist aus. Manche Kärtchen haben Sie auch aus Höflichkeit angenommen, weil Sie sich mit dem Betreffenden so nett unterhalten haben, sich für seine Branche oder Dienstleistung aber nie interessieren werden. Gleich weg damit, diese Kontakte brauchen Sie nie mehr oder bekommen sie bei Bedarf auf anderem Weg.
2. Die zweite Gruppe umfasst alle Kontakte, mit denen Sie eine konkrete Vereinbarung getroffen haben oder die Sie unbedingt wieder treffen wollen. Legen Sie diese Kärtchen auf einen getrennten Stapel zur weiteren Bearbeitung.
3. Die dritte Gruppe sind Kontakte, die Ihnen im Moment zwar nichts nützen, die aber interessant klangen oder die Sie vielleicht später mal brauchen. In diese Rubrik käme zum Beispiel der Unternehmer, der einen PC-Notdienst hat. Den brauchen Sie im Moment hoffentlich nicht, sind aber im Krisenfall froh, wenn Sie dieses Kärtchen schnell zu Hand haben. Diese Kontakte sollten Sie archivieren.

Kontakte, mit denen Sie etwas vereinbart haben

Im nächsten Schritt verwalten Sie die Kontakte, mit denen Sie eine konkrete Vereinbarung getroffen haben. Je nach dem, was Sie ausgemacht haben, sollten Sie schnell aktiv werden. Es macht einen guten Eindruck, wenn Sie Ihren Gesprächspartner schon am Folgetag kontaktieren.

> Manchmal liest oder hört man die Empfehlung, erst einige Tage oder gar eine Woche mit einer erneuten Kontaktaufnahme zu warten. Davon halten wir überhaupt nichts. Für uns gilt das Sprichwort, dass man „das Eisen schmieden soll, solange es noch heiß ist". Nach unserer Erfahrung entstehen gute Kontakte oder auch Geschäfte entweder sofort oder gar nicht.

Für die Kontaktaufnahme gibt es nun mehrere Möglichkeiten. Sie können z. B. eine E-Mail schreiben. Bedanken Sie sich für das Gespräch und für die wertvollen Hinweise, die Sie vielleicht bekommen haben. Schlagen Sie gleich einen Termin für ein zweites Treffen vor. Oder greifen Sie direkt zum Hörer und vereinbaren einen Nachfolgetermin per Telefon. Oft geht man ja sowieso mit der Bemerkung auseinander: „Lassen Sie uns die Tage doch mal telefonieren".

Eine weitere Möglichkeit, sich mit Menschen näher zu vernetzen, bietet das Internet. Inzwischen machen wir die Erfahrung, dass praktisch alle, die wir auf diversen Netzwerktreffen kennenlernen, auch einen Account bei Xing besitzen. Sie können sich also am nächsten Tag gleich mit Ihrem Kontakt „verxingen" – wie das neudeutsche Wort dafür heißt – und Ihre Kontakt-Mail auch gleich über Xing abschicken. Xing bietet zudem die Möglichkeit, den neuen Kontakt mit Tags zu versehen. Damit können Sie ihn leicht wiederfinden.

Kontakte, die Sie archivieren möchten

Was machen Sie mit Kontakten, die Sie im Moment nicht brauchen, die aber dennoch interessant klingen oder vielleicht später einmal für Sie infrage kommen?

Hierfür brauchen Sie ein gutes Archivsystem. Die einfachste Variante ist eine Schachtel, in der Sie alle Visitenkärtchen ablegen. Wenn Sie jeweils hinten auf dem Kärtchen vermerken, wo und wann Sie den Betreffenden kennengelernt haben und was Sie an ihm oder seiner Dienstleistung besonders interessiert, behalten Sie den Überblick. Auf Dauer wird das Managen Ihrer Kontakte in einer solchen Kiste jedoch mühsam.

Daher bieten sich vor allem verschiedene elektronische Systeme an. Am einfachsten ist es, Kontakte über Outlook oder eine ähnliche Software für Adressen zu verwalten. Outlook bietet einfache Möglichkeiten, Stichwörter zu vergeben und damit auch zu suchen. Für normale Zwecke reicht das aus. Auch hier können wir nur empfehlen, den Anlass der Begegnung sowie einige nützliche Stichwörter zu notieren. Mit „Erwin Müller, Berlin, getroffen auf einer Xing-Veranstaltung" werden Sie nach einem Jahr kaum noch etwas anfangen können.

Die nächste Stufe der Adressverwaltung sind professionelle Adress- und Kundenverwaltungsprogramme, von denen es auf dem Markt eine breite Auswahl gibt. Sie sind dann zu empfehlen, wenn Sie mit Ihren Adressen richtig arbeiten und zum Beispiel eine Kundendatei anlegen oder wenn Sie auf komplexere Suchfunktionen angewiesen sind, als Outlook oder ähnliche Programme sie bieten.

Kontakte pflegen

Die große Gefahr einer Kontaktkartei ist, dass diese in kurzer Zeit nur noch Karteileichen enthält, also tote Kontakte, mit denen Sie nichts weiter anfangen können. Dann wäre der ganze Aufwand, den Sie betrieben haben, um diese Kontakte zu erhalten, umsonst gewesen. Doch wie halten Sie Ihre Kontakte am Leben?

Als Erstes stellt sich natürlich die Frage, was Sie mit Ihren Kontakten überhaupt anfangen wollen. Neben Ihren individuellen Zielen soll ein Netzwerk in der Regel einen der folgenden Zwecke erfüllen:

- Sie benötigen einen Pool von Adressen, aus dem Sie bei Bedarf immer den richtigen Kontakt zaubern können. Ihr Adressenverzeichnis soll also wie ein privates Branchenbuch funktionieren. Sinnvoll ist es dann, diejenigen Dienstleister zu sammeln, die Ihnen besonders sympathisch oder kompetent erschienen. Diese Information finden Sie nämlich im Gegensatz zum Dienstleister selbst nicht in den Gelben Seiten. Natürlich können Sie diese Kontakte auch weiterempfehlen, wenn Sie danach gefragt werden.
- Sie bauen ein Netzwerk auf, um daraus Empfehlungen zu erhalten. Wenn Sie also einen passenden Dienstleister suchen, zum Beispiel einen Steuerberater, der auf Vereinsrecht und Beziehungen zu Norwegen spezialisiert

ist, können Sie diese Anfrage in Ihrem Netzwerk stellen. Wie wir oben gezeigt haben, erreichen Sie bei 150 eigenen Kontakten schnell um die 40.000 weitere Personen. Darunter könnte sich der Steuerberater befinden.

- Sie bauen Ihr Netzwerk auf, um darin aktiv Werbung für Ihre eigenen Produkte oder Dienstleistungen zu machen oder um sich Kooperationspartner warmzuhalten. Dies ist sicher einer der wichtigsten Gründe, ein Netzwerk aufzubauen.

Und wie pflegen Sie Ihre Kontakte am besten? Stellen Sie sich Ihr Netzwerk einfach als eine Fensterbank mit Blumentöpfen vor. Gelegentlich gießen Sie Ihre Pflanzen und stauben Sie vielleicht auch ab, ein paar Lieblinge vorne in der ersten Reihe erhalten jedoch Ihre besondere Zuwendung und werden wöchentlich mit Dünger und Zuneigung versorgt. Andere stehen weiter hinten und vertrocknen eines Tages. Genauso verhält es sich auch mit Ihrem Netzwerk.

Sie sollten Ihre primären, also wichtigen Kontakte regelmäßig und intensiv pflegen. Ihre vielen sekundären, also weniger wichtigen Kontakte sollten Sie ebenfalls regelmäßig pflegen, also zum Beispiel mit Informationen versorgen. Diese sollten die Botschaft „Es gibt mich noch, bitte nicht vergessen" beinhalten.

Sekundäre Kontakte pflegen

Hier einige Tipps, wie Sie Ihre sekundären Kontakte versorgen können:

- Versenden Sie regelmäßig eine Rund-E-Mail, mit der Sie sich in Erinnerung bringen. Lassen Sie sich dazu einen passenden Anlass einfallen.

> **!** Achten Sie beim Versand von Newslettern bitte unbedingt darauf, dass die Empfängeradressen nicht für alle Empfänger in der E-Mail sichtbar sind, sonst ist Ärger vorprogrammiert. Außerdem kann jeder Ihre mühsam zusammengestellten Adressen kopieren und verwenden. Adressieren Sie die Rund-Mail einfach an sich selbst und schreiben Sie die Empfängeradressen in das Blind-copy-Feld (bcc). So bleiben sie unsichtbar.

- Installieren Sie ein Newslettersystem. Wenn Sie eine Website besitzen, können Sie es über diese betreiben. Entsprechende Tools gibt es sogar kostenfrei im Internet. Alternativ können Sie Newsletter auch über Outlook oder andere E-Mail-Programme versenden.
- Laden Sie Ihre Kontakte zu einem Event ein, bei dem Sie anwesend sind. Gut geeignet sind zum Beispiel Messen, Ausstellungen oder Vorträge, an denen Sie beteiligt sind. Vielleicht können Sie Ihren Kontakten einen vergünstigten Eintritt anbieten. Sie schlagen zwei Fliegen mit einer Klappe: Ihre Kontakte werden an Sie erinnert und Sie sorgen gleichzeitig für ein interessiertes Publikum. Hierfür bietet sich die Xing-Funktion „Events" an.
- Bieten Sie Ihren Kontakten etwas Besonderes. Wir kennen einen sehr aktiven Netzwerkbetreiber, der für seine Kontakte regelmäßig verbilligte Kulturangebote organisiert. Damit kommt man dann schon mal für acht an-

stelle von 30 Euro in ein anspruchsvolles Konzert oder Theaterstück und erinnert sich zudem jedes Mal wieder an den Sponsor.

- Nutzen Sie spezielle Anlässe, um Ihre Kontakte per E-Mail anzuschreiben. Wenn Sie das Geburtsdatum kennen, ist das zum Beispiel eine gute Gelegenheit für eine Glückwunschnachricht. Vielleicht finden Sie auch einen interessanten Zeitungsartikel über Arbeitsmöglichkeiten für Grafiker in Dubai und schicken ihn als PDF an die Grafiker in Ihrem Netzwerk. Damit halten Sie locker Kontakt und vermeiden, dass Sie als nervig empfunden werden.

Primäre Kontakte pflegen

Neben Ihren sekundären Kontakten haben Sie auch noch die primären, wirklich wichtigen Kontakte. Diese umfassen Menschen, die Sie vielleicht demnächst brauchen werden, mit denen Sie etwas unternehmen wollen oder die über für Sie wichtige Informationen verfügen. Darunter fallen auch mögliche Kunden, falls Sie Ihr Netzwerk für professionelle Zwecke nutzen.

Wir empfehlen, primäre Kontakte sehr sorgfältig zu pflegen. Natürlich werden Sie nur eine kleine und überschaubare Anzahl davon verwalten können. Um diese Menschen sollten Sie sich jedoch besonders bemühen. Hierzu empfehlen wir folgende Möglichkeiten:

- Bringen Sie sich in regelmäßigen Abständen in Erinnerung. Hier können Sie auf die Maßnahmen zurückgreifen, die wir weiter vorne (s. S. 101 ff.) geschildert haben.

- Treffen Sie Ihre primären Kontakte immer wieder persönlich. Nur so bleiben Sie wirklich in Erinnerung. Suchen Sie dafür passende Anlässe. Machen Sie nach dem ersten Kennenlernen unbedingt einen Termin für ein ausführliches Gespräch aus. Planen Sie dafür etwa eine Stunde ein – so lange dauern solche Gespräche gewöhnlich.
- Wenn Sie häufiger auf Netzwerkveranstaltungen unterwegs sind, werden Sie merken, dass Sie bestimmte Menschen sowieso regelmäßig treffen. Wenn darunter Ihre primären oder auch sekundären Kontakte sind, dann investieren Sie gelegentlich zwei Minuten für einen Small Talk. Das reicht meistens, um Sie in der Aufmerksamkeit Ihres Gegenübers wieder auf einen der vorderen Plätze zu rücken.

Netzwerkveranstaltungen nutzen

Zum Netzwerken im beruflichen Bereich gibt es in Deutschland inzwischen zahlreiche Veranstaltungen, über die Sie weiter unten (s. S. 115 ff.) verschiedene Informationen erhalten. Zunächst aber schildern wir Ihnen hier, wie solche Veranstaltungen typischerweise ablaufen und wie Sie daraus einen optimalen Nutzen ziehen können. Zum Ablauf:

- Sie werden über einen Verteiler eingeladen und melden sich an. Bei Veranstaltungen, die zum Beispiel über Xing organisiert werden, haben Sie vorab die Möglichkeit, die Teilnehmerliste einzusehen und für Sie interessante Gesprächspartner zu kontaktieren oder sich direkt mit ihnen zu verabreden.

- Sie gehen zur Veranstaltung, zahlen in der Regel zwischen 10 und 30 Euro Eintritt, werden registriert, erhalten ein Namensschild und gehen erst einmal zum Stand mit den Häppchen, um sich zu stärken.
- Anfangs steht man meist zwanglos in Grüppchen herum und unterhält sich. Für Sie ist das die erste Chance, wichtige Kontakte zu knüpfen.
- Nach einiger Zeit startet das Programm mit der Begrüßung und einer Vorstellungsrunde. Je nach Organisation darf sich jeder Teilnehmer kurz und knapp oder ausführlicher vorstellen, optimal sind eine halbe bis zwei Minuten. Sind viele Leute da, dürfen sich manchmal nur ausgewählte Gäste vorstellen. Gehen Sie in diesem Fall zum Veranstalter und bitten Sie darum, zu den Auserwählten zu gehören. Das klappt meist und ist für Sie ein Vorteil.
- Nach der Vorstellungsrunde findet meist ein weiteres zwangloses Netzwerken statt, bei dem sich die Teilnehmer frei unterhalten können. Später startet dann oft das Vortrags- oder Event-Programm – oder die Veranstaltung ist beendet.

Es gibt verschiedene Abwandlungen dieses Ablaufs. So werden zum Teil kreative Spiele oder Übungen in kleinen Gruppen gemacht, um sich besser kennenzulernen. Bei der „Visitenkartenparty", einer feststehenden Einrichtung in vielen Städten Deutschlands, lernt man erst einmal die Visitenkarten der Teilnehmer kennen, bevor man mit den Menschen selbst spricht.

Die Selbstpräsentation

Wir haben verschiedene Tipps für Sie, wir Sie Ihren persönlichen Erfolg auf dem Treffen optimieren können. Am wichtigsten ist Ihre Selbstpräsentation. Auf sehr vielen Netzwerktreffen erhalten Sie die Gelegenheit, sich kurz vorzustellen. Das ist Ihr großer Augenblick: 50 Menschen hören Ihnen zu und sind bereit für Ihre Botschaft. Doch was sagen Sie in dieser kurzen Zeit?

Bewährt hat sich der folgende Inhalt:

- Beginnen Sie mit Ihrem Namen und eventuell mit der Nennung Ihrer Firma.
- Schildern Sie kurz und knapp, was Sie anbieten. Verwenden Sie hierzu optimalerweise drei Aussagen. Sehr gut passt an dieser Stelle auch ein praktisches Beispiel aus Ihrer Tätigkeit.
- Sagen Sie, was Sie beim aktuellen Netzwerktreffen suchen und bieten – Kunden, Partner oder Information. Dieser Punkt ist der wichtigste in Ihrer Kurzpräsentation.
- Verbinden Sie Ihre Aussage mit einem Bild. Vielleicht können Sie Ihr Produkt mitbringen und in die Höhe halten. Oder Sie verwenden einen anderen Gegenstand, den Sie mit Ihrer Aussage verknüpfen und allen zeigen. Wenn Sie nichts anderes zur Hand haben, können Sie auch Ihre Visitenkarte oder einen Flyer hochhalten. Menschen merken sich Bilder eher als Aussagen.
- Wiederholen Sie am Ende nochmals Ihren Namen.
- Verpacken Sie das alles in maximal einer Minute.

Hier zwei Beispiele:

Herr Maier, Consulting

Mein Name ist Hans Maier von Maier Consulting. Ich berate Rechtsanwaltskanzleien und Steuerberatungen in der Optimierung ihrer Software. Einer meiner letzten Kunden, eine namhafte Kanzlei hier aus der Gegend, schenkte mir nach dem Auftrag ein Wellness-Wochenende mit meiner Frau. Der Inhaber hatte dank besserer Computernutzung endlich wieder ein freies Wochenende. Heute Abend suche ich Anwälte und Steuerberater, die ebenfalls mehr Zeit gewinnen möchten. Damit Sie mich im Gedächtnis behalten (Herr Maier hält ein ausgedrucktes und vergrößertes Imitat eines 500-Euro-Scheins in die Höhe): So viel Geld sparen Sie, wenn ich Ihre Software durchchecke. Ich bin Hans Maier von Maier Consulting, danke für Ihr Interesse.

Evi, die Künstlerin

Mein Name ist Evi Huber. Ich wohne seit zwei Wochen in dieser Stadt und male Aquarelle, vor allem Landschaften mit See. Vor drei Monaten habe ich in München einen Preis für Nachwuchstalente bekommen. Zusammen mit meiner Geschäftspartnerin betreibe ich hier eine Galerie. In einer Woche veranstalten wir einen Tag des Aquarells. Hierzu möchte ich Sie alle einladen. Wir haben namhafte Ehrengäste, zudem gibt es einige Überraschungen (sie hält einen Prospekt hoch). Mein Name ist Evi Huber. Danke.

Kurz und knapp, mit Anekdote – das bleibt im Gedächtnis haften und kommt beim Publikum gut an.

Das können Sie nicht? Doch, sicher! Überlegen Sie sich zu Hause, wie Sie Ihr Anliegen in Kurzform ausdrücken. Schreiben Sie es vielleicht auf oder notieren Sie wenigstens ein paar Stichworte. Dann üben Sie: allein im Zimmer, vor dem Spiegel oder mit Ihrem Partner oder einem Freund als Publikum. Nach einigen Wiederholungen kommt der Text schon sehr flüssig über Ihre Lippen. Schauen Sie dabei auf die Uhr und achten Sie darauf, Ihre 60 Sekunden nicht zu überschreiten. In Vorstellungsrunden gibt es immer wieder Menschen, die ewige Monologe halten. Das kommt nicht gut an. Zudem bleibt beim Publikum meist viel mehr hängen, wenn man sein Anliegen kurz, knapp und präzise formuliert.

Schnell Menschen kennenlernen

Natürlich geht es nicht nur um die Selbstpräsentation. Sie wollen ja auch aktiv Kontakte generieren. Das folgende Vorgehen hat sich nach unserer Erfahrung sehr bewährt:

- Verfolgen Sie die Vorstellungen aufmerksam und merken Sie sich die Personen, die für Sie interessant klingen.
- Steuern Sie Ihre Wunschpartner nach der Vorstellungsrunde gezielt an. Sprechen Sie Ihre gemeinsamen Interessen an, loten Sie kurz aus, ob der weitere Kontakt lohnt, tauschen Sie Visitenkärtchen aus und vereinbaren Sie einen späteren Gesprächstermin. Gehen Sie dann zum nächsten Kontakt.

> Es ist nicht sinnvoll, beim Erstkontakt schon ein vertiefendes Gespräch zu führen. Die Zeit auf der Veranstaltung sollten Sie besser nutzen, um Menschen kennenzulernen. Da es Ihren Gesprächspartnern ähnlich geht, verbieten sich schon deshalb längere Gespräche.

- Kontaktieren Sie Ihren Wunschpartner relativ schnell nach der Veranstaltung und machen Sie einen ausführlicheren Kennenlern-Termin mit ihm aus.
- Vermeiden Sie auf Netzwerktreffen, nur mit Ihren Bekannten zu sprechen. Natürlich sollten Sie alte Kontakte kurz aufwärmen. Bleiben Sie aber nicht bei diesen Leuten hängen. Treffen Sie vielmehr neue Leute. Das ist ja der Zweck Ihres Besuchs.

Das vertiefende Gespräch

Wie führen Sie ein vertiefendes Gespräch nach dem Erstkontakt? Immerhin treffen Sie sich mit jemandem, den Sie noch nicht kennen. Es handelt sich damit um eine Art Blind Date im Businesskontext. Wir haben hier ein paar Tipps für Sie zusammengestellt. Sie gelten vor allem für Business-, aber auch für Netzwerktreffen mit privaten Zielen.

Vor dem Treffen

- Wenn Sie keine vorzeigbaren eigenen Geschäftsräume besitzen, dann vereinbaren Sie für das erste Treffen einen neutralen Ort und keinesfalls Ihre private Wohnung. Am besten eignet sich ein Café, ein Restaurant oder ein anderer Ort, an dem Sie etwas zu trinken oder zu essen bestellen können. Sie sollten auch ein passendes Stadtviertel oder Ambiente auswählen. Es ist unpassend, sich für ein hochwertiges Businessprojekt in einem Szenecafé zu treffen, wo am Nachbartisch Kinder gewickelt werden (ist einem von uns kürzlich passiert).

- Natürlich können Sie das Treffen auch in Ihren Geschäftsräumen durchführen. Bedenken Sie jedoch, dass Ihr Partner dabei einen ersten wichtigen Eindruck von Ihnen mitnimmt. Wenn Sie ansprechende Räume haben, dann ist ein Treffen dort sicher kein Problem. Wenn Sie aber zum Beispiel als Existenzgründer in einer chaotischen Billigbürogemeinschaft mit dreckigen Toiletten, unaufgeräumter Teeküche und Graffiti im Treppenhaus hausen, dann sollten Sie dort lieber kein Treffen vorschlagen – es könnte abschreckend wirken. Auch hier haben wir schon mehrfach entsprechende Erfahrungen gemacht, mit keinem dieser potenziellen Partner hat sich eine weitere Zusammenarbeit ergeben.
- Planen Sie eine bis anderthalb Stunden ein. Viel länger dauern Erstgespräche selten.
- Kleiden Sie sich entsprechend. Auch Ihr Outfit vertieft den Eindruck, den Ihr Gegenüber von Ihnen erhält. Sie können sich daran orientieren, was Ihr Partner beim Erstkontakt anhatte. Vergessen Sie jedoch nicht, dass manche Leute zum Netzwerktreffen legerer gehen als zur Arbeit. Peinlich wird es meist, wenn die Partner beim vertiefenden Gespräch sehr unterschiedlich gekleidet sind. Das erschwert häufig ein lockeres Gespräch. Seien Sie im Zweifel lieber leicht overdressed als underdressed, besonders bei konservativen Partnern oder Projekten.
- Klären Sie vorab unbedingt den Zweck des Treffens. Wollen Sie Ihren Partner und dessen Produkte oder Dienstleistung näher kennenlernen? Oder wollen Sie über eine konkrete Zusammenarbeit sprechen? Wenn

Sie Ihr Ziel vor dem Treffen nennen, vermeiden Sie, dass Sie oder Ihr Partner mit falschen Erwartungen kommen.

Im Gespräch

Achten Sie darauf, dass das Gespräch klar strukturiert ist und zielorientiert geführt wird. Übernehmen Sie ruhig die Führung, vor allem wenn Sie merken, dass der andere zu oft abschweift oder nicht auf den Punkt kommt. Der folgende Gesprächsablauf hat sich bewährt:

- Eingangs ist etwas Small Talk zum Aufwärmen angebracht. Fallen Sie nie mit der Tür ins Haus, dehnen Sie die Small-Talk-Phase aber auch nicht länger als fünf bis zehn Minuten aus.
- Geben Sie Ihrem Gegenüber Raum, sich vorzustellen. Hören Sie zu und konzentrieren Sie sich während der Vorstellungsphase auf Ihren Partner. Stellen Sie sich anschließend selbst vor und stellen Sie sicher, dass Ihr Gesprächspartner nicht abgelenkt wird und Ihnen ebenfalls konzentriert zuhört. Für diese Vorstellungsrunde sind etwa zehn Minuten pro Person passend.
- Überlegen Sie gemeinsam, was Sie zusammen planen oder unternehmen können. In diesem Teil des Gesprächs dürfen Sie der Fantasie und Kreativität freien Lauf lassen.
- Wenn Sie das Gefühl haben, dass Sie mit Ihrem Netzwerkpartner kooperieren wollen, dann halten Sie unbedingt die Ergebnisse des Gesprächs fest. Treffen Sie eine Vereinbarung, wie es weitergeht und was Sie gegebenenfalls bis zum nächsten Treffen beide tun werden.

Diese Information sollten Sie auch schriftlich festhalten – das macht einen guten und strukturierten Eindruck. Vermeiden Sie, dass Sie beide ohne klare Vereinbarungen oder Vorstellungen das Treffen verlassen.

- Bereiten Sie das Treffen im Büro oder zu Hause nach und fassen Sie die Ergebnisse noch einmal kurz per E-Mail für Ihren Partner zusammen.
- Falls Sie das Gefühl haben, dass es keine Zusammenarbeit mit Ihrem Gegenüber geben wird, sollten Sie das Gespräch so bald wie möglich beenden. Fassen Sie Ihre Eindrücke auf neutrale Art und Weise zusammen und teilen Sie sie dem anderen mit. So sparen Sie beide Zeit und Energie.

Wertschätzender Umgang im Netzwerk

Ein gutes Netzwerk kann für viele Zwecke nützlich sein. Allerdings sollte man einige Regeln beachten, um sein Netzwerk auch wirklich optimal zu pflegen:

Halten Sie Ihr Netzwerk überschaubar

Manche Menschen sind stolz darauf, 1.000 oder mehr Menschen in ihrem Netzwerk zu haben. Es mag Spaß machen, über so viele Kontakte zu verfügen, doch wir glauben nicht, dass Sie damit noch effizient arbeiten können.

Daher unser Tipp: Unterscheiden Sie bei Ihren Kontakten penibel zwischen den primären und sekundären Kontakten. Die primären Kontakte sind die Netzwerkpartner, mit denen Sie wirklich arbeiten. Diese bringen Ihnen Kunden, kommen als Kooperationspartner infrage, stehen Ihnen für Auskünfte zur Verfügung, werden von Ihnen gelegentlich weiterempfohlen und empfehlen Sie selbst weiter.

Alle anderen Kontakte sollten Sie zu Ihren sekundären Kontakten packen. „Sekundär" bedeutet, dass Sie diese ordnen, einen Zugriff darauf haben und sich dort gelegentlich in Erinnerung rufen. Wie Sie das am besten bewerkstelligen können, haben wir weiter oben (s. S. 100) geschildert. Zum aktiven Arbeiten werden Sie diese Kontakte eher selten brauchen. Wir empfehlen auch nicht, auf diese Kontakte allzu viel Zeit zu verwenden.

Arbeiten Sie nur mit Partnern, die zu Ihnen passen

Diesen Grundsatz halten wir für die wichtigste Regel beim erfolgreichen Netzwerken. Umgeben Sie sich nur mit Partnern, die hinsichtlich Qualität, Leistungsbereitschaft, Arbeitsmotivation und Einstellung Ihre Werte teilen und zu Ihnen passen. Diese Empfehlung hat mehrere Gründe:

- Sie sollten nur Netzwerkpartner weiterempfehlen, von deren Arbeitsqualität Sie restlos überzeugt sind. Andernfalls riskieren Sie, dass der Auftrag misslingt oder der Kunde unzufrieden ist. Dieses Misslingen fällt in der Regel auf Sie selbst zurück, wenn Sie diesen Dienstleister oder Zulieferer empfohlen haben. Der Kunde wird sich in der Folge vielleicht auch von Ihnen abwenden.

- Wenn Sie mit einem Ihrer Partner beruflich kooperieren möchten, sollte dieser in großen Teilen mit Ihnen übereinstimmen. Andernfalls wird die Kooperation misslingen. Daher sollten Sie Menschen, bei denen Sie von vornherein Bedenken hegen, gar nicht erst in Ihr primäres Netzwerk aufnehmen. Gleiches gilt natürlich auch im Freizeitbereich: Wenn Sie ein Netzwerk für gelegentliches Wandern am Wochenende ins Leben rufen, werden Sie Menschen, die schlecht zu Fuß sind, wohl kaum einladen können.

Nehmen Sie Menschen, die nicht zu Ihnen passen, also gar nicht erst in Ihr engeres Netzwerk auf. Andernfalls schleppen Sie solche Kontakte wie Ballast mit sich herum. Und Ballast hindert Sie bekanntlich am schnellen Vorankommen.

> Trennen Sie sich von Partnern, die nicht zu Ihnen passen. Wenn Sie feststellen, dass die Kooperation oder Zusammenarbeit schon zu Beginn nicht wunschgemäß klappt, dann ziehen Sie sofort die Reißleine und beenden Sie die Zusammenarbeit oder die Freizeitaktivität. Es wird niemals besser als am Anfang.

Auf den Punkt gebracht

- Beginnen Sie beim Aufbau eines eigenen Netzwerks bei den warmen Kontakten. Das sind Freunde, Verwandte, Nachbarn, Mitschüler oder Mitstudenten. Prüfen Sie, wer Ihnen vielleicht nützlich sein kann.
- Treffen Sie neue Kontakte auf verschiedenen Veranstaltungen wie Messen, Visitenkartenpartys, beim Tag der offenen Tür oder bei Netzwerkveranstaltungen.
- Finden Sie geeignete Netzwerktreffen in Ihrer Stadt über Xing.
- Sprechen Sie Menschen auf Veranstaltungen gezielt an und klären Sie schnell ab, ob Ihr Gesprächspartner für Sie wichtig und interessant ist.
- Üben Sie sich in der Kunst des Small Talks. Lernen Sie vor allem, zuzuhören und Ihr eigenes Anliegen kurz und präzise zu formulieren.
- Ordnen und verwalten Sie Ihre Kontakte übersichtlich und mit Stichworten (Tags).
- Sie werden von Ihrem Netzwerk nur profitieren, wenn Sie auch geben, also sich um Ihre Netzwerkpartner kümmern. Erst dann fließt auch etwas an Sie zurück.

Netzwerke in der Übersicht

Es gibt eine Reihe von Netzwerken oder Netzwerkveranstaltungen, die wir Ihnen hier kurz exemplarisch vorstellen möchten. Diese Aufzählung ist keinesfalls vollständig. Unser Ziel ist es, Ihnen Ideen zu geben, wie Sie in Ihrer Stadt oder Region schnell Zugang zu Netzwerken finden können. Nach unserer eigenen Erfahrung in mehreren Regionen Deutschlands sowie den Berichten von Bekannten haben wir inzwischen den Eindruck, dass die Veranstaltungen überall ähnlich aufgebaut sind. Aus Wettbewerbsgründen möchten wir hier keine konkreten Namen oder Begriffe nennen. Über das Internet, vor allem über Xing, oder über die unten angegebenen Möglichkeiten werden Sie schnell passende Angebote in Ihrer Region finden.

Businessorientierte offene Netzwerke

In fast allen Städten oder Regionen Deutschlands gibt es inzwischen Netzwerkveranstaltungen, die sich vor allem an mittelständische Unternehmer und Selbstständige richten. Sie finden entweder vormittags („Businessfrühstück") oder abends statt. Ausrichter sind Unternehmen, Agenturen, Gewerbeverbände oder Privatpersonen.

> **!** Trotz der vielfältigen Möglichkeiten des Internets gibt es immer noch zahlreiche Netzwerke besonders für Gewerbetreibende, die nicht über Xing oder eine vergleichbare Plattform abgebildet werden. So kennen wir auch qualitativ hochwertige Netzwerke, die nicht

über E-Mail einladen, sondern noch immer die Briefform bevorzugen. Recherchieren Sie in Ihrem Bereich unbedingt auch diese Netzwerke, da sie manchmal sehr viel spezifischer auf Ihre Ziele passen als zum Beispiel Xing-Netzwerke.

Diese Art von Netzwerktreffen stellt einen sehr schnellen, vielfältigen und einfachen Weg dar, in einer neuen Region oder mit einer neuen beruflichen Ausrichtung Fuß zu fassen. In der Regel gibt es einen Verteiler, in den man relativ einfach aufgenommen wird. In regelmäßigen Abständen, meist einmal monatlich, lädt der Veranstalter zu den Treffen ein. Bei Interesse meldet man sich an, zahlt vor Ort einen Beitrag und nimmt am Programm teil. Letzteres besteht meist aus einer Vorstellungsrunde und freier Zeit zum Netzwerken. Häufig werden auch Programmpunkte wie ein Vortrag, eine Führung durch das Unternehmen, das eingeladen hat, oder ein kulinarisches Highlight angeboten.

Natürlich muss man für sich selbst herausfinden, ob das entsprechende Netzwerk mit den eigenen Wünschen, Ansprüchen und Zielen zusammenpasst. Die folgenden Kriterien helfen Ihnen, dies zuverlässig abzuschätzen:

- Sagen Ihnen die Menschen auf dem Netzwerktreffen zu? Ist das Ihre Ebene oder passen Sie vielleicht vom Outfit oder von Ihren Vorstellungen oder Umgangsformen her nicht dazu?
- Werden die Teilnehmer gezwungen, bestimmte Dinge zu tun oder bestimmte Voraussetzungen zu erfüllen, und falls ja, können und wollen Sie sich mit diesen Bedingungen arrangieren?

- Sind unter den Gästen potenzielle Kunden oder Netzwerkpartner für Sie zu finden? Treffen Sie dort auch Menschen, die mit Ihren Zielen zusammenpassen oder Ihnen etwas nutzen? Wenn Sie zum Beispiel selbstständiger Unternehmensberater sind, wird Ihnen ein Netzwerk, in dem 80 Prozent der Gäste ebenfalls Berater sind, kaum etwas bringen. Sie brauchen vielmehr ein Netzwerk, das vor allem von Unternehmensvertretern besucht wird.
- Haben Sie in diesem Netzwerk Möglichkeiten, sich langfristig einzubringen und bekannt zu werden, zum Beispiel durch Vorträge?

Wie Sie gute Kontakte finden

Wenn Sie ein passendes Netzwerk gefunden haben, möchten wir Ihnen die folgende Strategie empfehlen, um dort wirklich gute Kontakte zu finden.

- Setzen Sie auf langfristigen Erfolg. Die ersten Male werden Sie vor allem dort sein, um Menschen kennenzulernen. Irgendwann kennen Sie die anderen. Dann haben Sie die Chance, Aufträge oder wichtige Informationen zu erhalten. Netzwerke sind in der Regel nichts für den schnellen Erfolg.
- In vielen Netzwerken besteht die Möglichkeit, einen Vortrag oder eine Präsentation zu halten. Nutzen Sie diese Möglichkeit. Sprechen Sie mit dem Anbieter und schlagen Sie aktiv ein Thema vor. Vorträge sind die beste Art, sich und sein Anliegen bekannt zu machen.

- Bieten Sie auch Ressourcen an. Es gibt genug Menschen, die nur etwas wollen. Menschen, die etwas (kostenlos) anbieten, fallen auf. Sie können zum Beispiel günstige Exklusivangebote aus Ihrer eigenen Produktpalette für die Mitglieder des Netzwerks anbieten.
- Manchmal gibt es auch die Möglichkeit, ins Organisationsteam aufgenommen zu werden. Nutzen Sie diese Chance, falls sie sich ergibt. Als Organisator haben Sie andere Möglichkeiten, das Netzwerk für sich zu nutzen.

Businessorientierte geschlossene Netzwerke

Es gibt verschiedene Unternehmen oder Anbieter, die professionell aufgezogene Netzwerktreffen veranstalten. Wir möchten hier exemplarisch einen Einblick in diese Branche geben, um Ihnen Entscheidungsgrundlagen zu vermitteln. Solche geschlossenen Netzwerke können folgende Eigenschaften haben:

- Das Treffen ist als „geschlossene Gesellschaft" organisiert, es gibt feste Mitglieder. Außenstehende werden nicht oder nur als Gäste zugelassen.
- Die Mitgliedschaft ist an eine hohe Aufnahme- und Teilnahmegebühr geknüpft, die 1.000 Euro im Jahr oder auch deutlich mehr betragen kann.
- Es gibt zum Teil eine Beschränkung in der Teilnehmerzusammensetzung, sodass von jeder Branche oder Berufsgruppe nur ein Vertreter/eine Vertreterin Mitglied sein kann.

- Ziel solcher Veranstaltungen ist es, Aufträge und Kunden gezielt innerhalb des Netzwerks weiterzuvermitteln. Während der Veranstaltungen optimieren die Organisatoren vor allem das Kennenlernen der Mitglieder und ihrer Produkte und Dienstleistungen untereinander.
- Der Ablauf und die Regeln sind in manchen Organisationen oft straff organisiert und streng: Zuspätkommen wird nicht toleriert, es besteht Anwesenheitspflicht und Raum für freie Entfaltung wird kaum gelassen.
- Rechnen Sie bei einer Kosten-Nutzen-Abwägung auch Ihre zeitliche Investition hinzu. Diese wird häufig vergessen.

Sie müssen selbst entscheiden, ob Ihnen ein solches straff organisiertes Netzwerk gefällt und ob Sie vor allem Lust haben, sich den vielen Regeln und Bedingungen zu unterwerfen. Außerdem gelten auch hier wieder die oben genannten Entscheidungskriterien (s. S. 116). Vor allem müssen Sie abschätzen, ob Ihre eigenen Ziele – Kunden und Aufträge zu finden oder an bestimmte Informationen zu gelangen – erfüllt werden. Wenn alles stimmig ist, können solche Netzwerke sehr gute geschäftliche Möglichkeiten bieten.

!

Wenn Sie in einem Netzwerk gelandet sind, das Ihnen nicht zusagt, dann gehen Sie wieder. Fällen Sie diese Entscheidung relativ schnell. Verlassen Sie sich dabei auf Ihr Bauchgefühl und investieren Sie keine unnötige Zeit, die Sie vielleicht bei anderen Treffen sinnvoller nutzen können.

Geschlossene Organisationen

Neben den im vorigen Abschnitt besprochenen professionell betriebenen geschlossenen Netzwerken gibt es auch eine Reihe von mehr oder minder exklusiven Klubs oder Organisationen, die sich zum Ziel gesetzt haben, hochwertige Businessnetzwerke zu bilden.

Im Marketingbereich wären hier zum Beispiel der „Marketing-Circle" oder der „Marketing-Club" zu nennen. Auch Organisationen wie Rotary zählen dazu. Diese Organisationen zeichnen sich in der Regel durch folgende Eigenschaften aus:

- Zum Teil hohe bis sehr hohe Teilnahmegebühren
- Die Mitgliedschaft ist manchmal schwer zu erlangen und nur auf Einladung, über Bürgen oder auf ähnlichem Wege möglich.
- Ist man einmal Mitglied, stehen einen sehr gute Möglichkeiten zum Netzwerken auf hohem Niveau offen.
- Aufgrund der Teilnahmegebühren und Auswahlverfahren trifft man in solchen Organisationen oft Menschen mit Einfluss und guten Kontakten an.

Wer die Möglichkeit hat, Mitglied in einem dieser Klubs oder Organisationen zu werden, für den wird sich diese Entscheidung sicher positiv auswirken. Allerdings sollte man auch hier wieder prüfen, inwieweit dieses Netzwerk die Möglichkeit bietet, die eigenen Ziele zu erreichen, und inwieweit man bereit ist, sich den bestehenden Regeln zu unterwerfen.

Vereine und Parteien

Auch Vereine können sehr gute Möglichkeiten für den Netzwerkaufbau bieten. Im ländlichen Bereich laufen zum Beispiel viele geschäftliche Kontakte über den örtlichen Schützen- oder Sportverein sowie die freiwillige Feuerwehr. Dies ist auch naheliegend, wird man doch einem Handwerker oder anderen Dienstleister, mit dem man gerade beim Fußball geschwitzt oder zusammen umgefallene Bäume von der Straße gezogen hat, eher vertrauen als jemandem, den man nur aus den Gelben Seiten kennt.

Der Preis für eine Vereinsmitgliedschaft ist natürlich, dass man sich im Verein auch engagieren und gelegentlich das eine oder andere Ehrenamt übernehmen sollte.

Die Mitgliedschaft in einer politischen Partei bedeutet vor allem, dass man Zugang zu einem hochkarätigen Netzwerk erhält. Viele Menschen nutzen das auch für berufliche Zwecke. Natürlich sollte beim Eintritt in eine Partei das Herz auf der richtigen politischen Seite schlagen und man sollte vorher wissen, ob man für diese Art von Engagement überhaupt Interesse aufbringen kann.

Auf den Punkt gebracht

- Es gibt zahlreiche regionale Netzwerkveranstaltungen, die Sie nutzen können, um beruflich oder privat Fuß zu fassen.
- Nicht alle Veranstaltungen werden über das Internet angeboten. Informieren Sie sich hierzu vor Ort, zum Beispiel bei Gewerbeverbänden oder Kollegen.

Schlussbemerkung

Was ist unser Resümee zum Thema Netzwerken? Die Welt hat sich in den letzten Jahren durch das Web 2.0 und vor allem durch die Social Networks sehr stark verändert. Vielen Menschen ist diese Veränderung mit allen Konsequenzen noch längst nicht bewusst geworden. Auf der anderen Seite hat zum Beispiel der amerikanische Präsident Barack Obama in seinem Wahlkampf die neuen Medien ausführlich genutzt: Mit Twitter und anderen Diensten erhöhte er seine Bekanntheit bei den Wählern maßgeblich und er nutzt diese Technik noch heute zur Kommunikation.

Das neue Zauberwort heißt „individualisierte Information". Sehr viele Menschen stellen Informationen über sich ins Netz und machen diese und damit sich selbst weltweit sichtbar. Suchmaschinen und andere Techniken sorgen dafür, dass diese Informationen in Sekundenschnelle für jeden Besitzer eines Internetanschlusses verfügbar sind.

Was bedeutet diese Entwicklung für das Networking? Unsere wichtigsten Erkenntnisse:

- Wer heute ernsthaft beruflich netzwerken will und auf Kontakte mit anderen Menschen angewiesen ist, kommt um eine Teilnahme an einem der wichtigen Social Networks nicht herum. Auch im privaten Bereich gewinnen diese Dienste zunehmend an Bedeutung.
- Das Angebot an Social Networks ist sehr groß, doch es zeichnet sich ab, dass es zumindest im deutschsprachigen Raum für jeden Nutzerkreis einen Marktführer gibt. Wir halten es für ausreichend, wenn man nur an einem System teilnimmt und sich dort dafür richtig einbringt.

- Für Businesszwecke im deutschsprachigen Raum ist Xing eindeutig Marktführer. Im Freizeitbereich muss man sich je nach Alter und persönlicher Ausrichtung für studiVZ, Facebook, LinkedIn oder auch Xing entscheiden.
- Echtes Netzwerken sowohl im Business- als auch im Freizeitbereich findet immer noch im realen Leben statt. Die eigene Präsenz auf Xing, Facebook & Co. kann daher nur als Mittel zum Zweck und nicht als Selbstzweck verstanden werden. Um Menschen kennenzulernen oder Netzwerkveranstaltungen zu finden, sind die Social Networks, allen voran Xing, jedoch bestens geeignet.
- Man sollte strategisch vorgehen, wenn man sich im Netz bewegt. Formulieren Sie daher Ihre Ziele und unternehmen Sie in den Social Networks vor allem Schritte, die Sie Ihren beruflichen oder privaten Zielen näher bringen. Sonst ersticken Sie schnell in Kontakten, Informationen oder Nachrichten und verlieren den Überblick.
- Mit einer ausführlichen Internetpräsenz entwickelt sich ein User heute schnell zum gläsernen Menschen. Personalchefs, Kunden, Kooperationspartner oder Ihr zukünftiger Lebenspartner können in Ihren Web-Profilen lesen wie in einem offenen Buch. Kontrollieren Sie daher Ihre Web-Inhalte, damit sich das Internet nicht zum Karrierekiller für Sie entwickelt.
- Das „social networking" ist ein Zeitfresser erster Güte. Ein Abend ist ganz schnell mit „Xingen" oder „Facebooken" verbracht. Behalten Sie Ihr Zeitmanagement im Auge, wenn Sie sich in den verschiedenen Netzwerken tummeln.

Anhang: Netzwerke für Berufsgruppen

Nachfolgend stellen wir Ihnen weitere Netzwerke für bestimmte Berufsgruppen vor. Sie sollen exemplarisch zeigen, welche Möglichkeiten es im Web 2.0 bereits gibt. Die Idee hinter vielen dieser Netzwerke ist es, Absolventen der entsprechenden Studiengänge seriös zu präsentieren, Berufseinsteigern ein Austausch- und Informationsportal zu bieten und alten Hasen Kontakte in der eigenen Branche zu vermitteln. Über Google oder eine andere Suchmaschine finden Sie schnell auch das passende Netzwerk für sich.

Spreadly: http://spreadly.com/

Spreadly ist eine kostenlose Online-Plattform, die aus den Vorgängern „Communipedia" und „YIID" hervorging – eine Suchmaschine speziell für Social Networks, die mit kleinen Texten vorgestellt und verlinkt werden. Darüber hinaus bietet Spreadly allen registrierten Mitgliedern eine OpenID, mit der sie sich ohne große Formalitäten bei anderen Netzwerken anmelden können.

So hilft Spreadly einerseits dabei, auch neueste Websites mit Communitys oder Shops zu allen nur denkbaren Themen ausfindig zu machen, erleichtert dabei andererseits mit dem Angebot der OpenID den Zugang zu fast 40.000 Internetplattformen, die OpenID erlauben.

Juristen

beck-community: http://community.beck.de

Hier treffen sich Juristen, Steuerberater, Wirtschaftsprüfer und weitere ähnliche Berufsgruppen zum fachlichen Austausch. Mitglieder der Community können Kontakte knüpfen, sich in Gruppen zusammenschließen und mit Kollegen über Fachthemen diskutieren.

Legal OnRamp: www.legalonramp.com

Legal OnRamp ist die internationale Schwester des deutschen Juristennetzwerks. Der Name bedeutet in etwa „juristische Autobahnauffahrt". Das Netzwerk wurde 2007 in den USA gegründet und ist in zwischen in mehr als 40 Ländern vertreten, besitzt jedoch einen deutlichen Schwerpunkt in Amerika.

Mediziner

doc4net: www.doc4net.de

doc4net ist ein Onlineportal für Ärzte und hat seinen Schwerpunkt vor allem auf der Informationsweitergabe und Wissensvermittlung. Hier werden zahlreiche Links und aktuelle wissenschaftliche Ergebnisse vorgestellt. Natürlich kann man sich auch mit anderen Ärzten vernetzen und zahlreiche weitere Funktionen nutzen. doc4net hat seinen geografischen Schwerpunkt in Sachsen-Anhalt.

Journalisten

Journalismus.com: www.journalismus.com

journalismus.com ist ein Webportal mit interaktiven Diensten für Journalisten. Das Portal bietet zahlreiche Infodienste, die ein Journalist benötigt, dazu die Möglichkeit, verschiedene Produkte über Presserabatte zu erwerben. Auch Stellenangebote sind hier zu finden. Zudem kann man ein Profil anlegen und andere interaktive Dienste nutzen. Für die Teilnahme ist eine geringe Gebühr zu entrichten.

Unternehmer

Unternehmer Treffen: www.unternehmer-treffen.net

Unternehmer Treffen ist eine Internetplattform, die mittelständische Unternehmer und mögliche Kunden untereinander vernetzen will. Ihre Mitglieder stammen vor allem aus dem Großraum Frankfurt. Neben der Möglichkeit, ein eigenes Profil anzulegen, gibt es ein breites Spektrum an Tipps, Kulturangeboten und wichtigen Informationen. Ein Diskussionsforum zu aktuellen Themen rundet die Seite ab.

Open Business Network: www.open-business-network.com

Dieses Netzwerk bietet vor allem die Möglichkeit, sich als Unternehmer oder Selbstständiger mit seinen Produkten und Dienstleistungen zu präsentieren. Daneben bietet es ein umfangreiches Wissensportal zu Themen, die Gewerbetreibende interessieren.

Die Autoren

Caroline Krüll ist Kommunikationstrainerin und „Marke: Ich-Coach". Sie trainiert Unternehmen im deutschsprachigen Raum. Die Marketing- und Kommunikationswirtin leitete zuvor eine Marketingagentur in Berlin. Caroline Krüll ist bekannt aus TV, Radio und zahlreichen Veröffentlichungen, u. a. mit dem Buch „Small Talk – Reden Sie sich zum Erfolg!". Mehr Infos finden Sie auf www.caroline-kruell.de und natürlich in ihrem Xing-Profil.

Dr. Christian Schmid-Egger ist Medien- und Kommunikationstrainer. Der promovierte Agraringenieur und Diplomjournalist arbeitete zuvor in der Pharmaindustrie sowie bei einer Marketingagentur. Auch er ist durch verschiedene Veröffentlichungen bekannt. Sein Profil finden Sie auf Xing sowie auf www.schmid-egger.de.

Impressum:

Verlag C. H. Beck im Internet: www.beck.de
ISBN: 978-3-406-62809-2
2. Auflage

Wilhelmstraße 9, 80801 München

Lektorat und DTP: Text+Design Jutta Cram, 86157 Augsburg, www.textplusdesign.de
Umschlaggestaltung: Bureau Parapluie, 85253 Großberghofen
Umschlagbild: iStockphoto © alexomelko
Druck und Bindung: Beltz Bad Langensalza GmbH
Neustädter Straße 1–4, 99947 Bad Langensalza

Gedruckt auf säurefreiem, alterungsbeständigem Papier
(hergestellt aus chlorfrei gebleichtem Zellstoff)